食のPOPイラスト&タイトル CD-ROM

手描きであったか！

スーパー・商店街・レストラン・自然食品店に

石川伊津 著
石川香代 監修

マール社

素材の使い方例いろいろ

POPに！

ハサミでチョキチョキ

プリントアウトした素材のまわりをハサミでチョキチョキ切って、画用紙に貼ります。空きスペースにタイトル文字を書いたり、タイトル素材を貼れば完成です。

▲ was016_c(P47) ＋手書き文字

▲ swe020_c(P65) ＋手書き文字

▲ nat024_c(P78) ＋手書き文字

▲ nat001_c(P76) ＋tit080_c(P110)
＋手書き文字

白黒イラストは好きな色を塗って

本書には白黒イラストも収録されています。プリントアウトして白黒コピー用に使ったり、色鉛筆などで自分の好きな色に塗って使うことができます。

▲ ode011_s(P23) に色を塗りました

▲ sot015_s(P17) に色を塗りました

チラシやDMに！

Wordなどで編集する

Microsoft Word（マイクロソフトワード）などを使って、複数の素材を組み合わせて配置すれば、複雑なデザインのチラシや文章の多いDMも、自由に作ることができます。

チラシ / DM

▲左上から右へ：jos006_c(P32) + tit079_c(P110) + jos007_c(P32) + har027_c(P75) + mik018_c(P29) + mik011_c(P28) + hyo012_c(P27) + hyo003_c(P26) + mik013_c(P28) + hyo014_c(P27) + tit019_c(P105) + was012_c(P47) + tit020_c(P105) + chu014_c(P59) + tit021_c(P105) + was002_c(P46) + jos014_c(P32) + min031_c(P99) + you018_c(P55) + min031_c(P99) + har028_c(P75) + min080_c(P102) + Microsoft Word

▲oiw011_c(P71) + tit118_c + tit115_c + tit123_c(P111) + Microsoft Word

Webに！

本書の素材は、お店のホームページやブログにそのまま使えます。

▲yor015_c(P11)などを使用

PNGを使う

背景が透明のPNGデータを使えば、Wordなどで下のようなデザインもきれいに簡単に作れます。

▲aki017_c(P81) + Microsoft Word

3

Contents

素材の使い方例いろいろ 2

Folder 01 人物イラスト

- 01 八百屋さん・農家の皆さん 6
- 02 魚屋さん・漁師さん・牧畜業ほか 8
- 03 洋食屋さん・レストラン 10
- 04 ケーキ屋さん・パン屋さん 12
- 05 居酒屋さん・和食屋さんほか 14
- 06 その他の店員さん 16
- 07 社会人の食生活 18
- 08 楽しいパーティー 20
- 09 家族でお出かけ 22
- 10 家族の食卓 24
- 11 家族の表情いろいろ 26
- 12 味覚の表情いろいろ 28
- 13 食と健康 30
- 14 女性店員さん 32

Folder 02 食材イラスト

- 01 野菜・果物 その1 34
- 02 野菜・果物 その2 36
- 03 野菜・果物 その3 38
- 04 海鮮物いろいろ 40
- 05 精肉いろいろ 42
- 06 精肉・加工肉 44

Folder 03 料理イラスト

- 01 和食の料理 その1 46
- 02 和食の料理 その2 48
- 03 和食の料理 その3 50
- 04 和食の料理 その4 52
- 05 洋食の料理 その1 54
- 06 洋食の料理 その2 56
- 07 中華の料理 58
- 08 焼肉・アジアン料理・レトルトほか 60
- 09 アルコール類いろいろ 62
- 10 スイーツいろいろ 64
- 11 和菓子・ドリンク類 66
- 12 乳製品・パンほか 68

Folder 04 季節イラスト

- 01 お祝いごと・行事 70
- 02 春のイメージ その1 72
- 03 春のイメージ その2 74
- 04 夏のイメージ その1 76
- 05 夏のイメージ その2 78
- 06 秋のイメージ その1 80
- 07 秋のイメージ その2 82
- 08 冬のイメージ その1 84
- 09 冬のイメージ その2 86
- 10 冬のイメージ その3 88
- 11 冬のイメージ その4 90

Folder 05 囲みワク・ミニカット

- 01 囲みワク その1 92
- 02 囲みワク その2 94
- 03 飾りケイ 96
- 04 ミニカット その1 98
- 05 ミニカット その2 100
- 06 ミニカット その3 102

Folder 06 POPタイトル

- 01 POPタイトル その1 104
- 02 POPタイトル その2 106
- 03 POPタイトル その3 108
- 04 POPタイトル その4 110
- 05 POPタイトル その5 112
- 06 POPタイトル その6 114

付録CD-ROMについて 116
CD-ROMをセットする 117
Word2003で使う 119
Word2010で使う 122

著作権について 127

著者＆監修者紹介 128

Folder 01

人物イラスト

POP作例 イラスト素材＋Microsoft Word＋手書き文字

イラスト素材：「宴会風景（par004_c▶P20）」・「パーティーフラッグ（par011_c▶P21）」をMicrosoft Wordに挿入して、大きさを調整して配置し、プリントアウトします。その後、タイトル文字などをPOP用の黒と赤色のマーカーで、手書きで書き入れました。

Folder 01　人物イラスト

01 八百屋さん・農家の皆さん

yao001_c 　　　　　　　　yao002_c

yao003_c　　　　　　　　yao005_c

yao004_c　　　　yao006_c 　　yao007_c

※カラーのデータのみを掲載しています。白黒のデータ名の末尾には「_s」(例：yao001_s)がつきます。
★印のイラストは白黒のデータがありません。カラーのデータのみを収録しています。

yao008_c

yao009_c

yao010_c

yao011_c (文字あり) ★
yao012_c (文字なし) ★

yao013_c (文字あり) ★
yao014_c (文字なし) ★

yao015_c (文字あり) ★
yao016_c (文字なし) ★

yao017_c ★

yao018_c

yao019_c

Folder 01　人物イラスト

02　魚屋さん・漁師さん・牧畜業ほか

sak001_c

sak002_c

sak003_c

sak004_c（文字あり）
sak005_c（文字なし）

sak006_c

sak007_c

sak008_c

sak009_c

◆このページの
データは、ここ
にあります

| JPG | ➡ | Folder01 | ➡ | J02_sak |
| JPG | カラー／白黒 |

| PNG | ➡ | Folder01 | ➡ | P02_sak |
| PNG | カラー／白黒 |

※カラーのデータのみを掲載しています。白黒のデータ名の末尾には「_s」(例：sak001_s)がつきます。

sak010_c

sak011_c

sak012_c

sak013_c

sak014_c

sak015_c

sak016_c

9

Folder 01　人物イラスト

03　洋食屋さん・レストラン

※カラーのデータのみを掲載しています。白黒のデータ名の末尾には「_s」(例：yor001_s)がつきます。

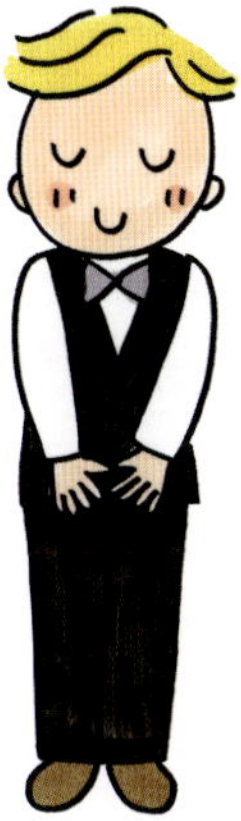

yor011_c

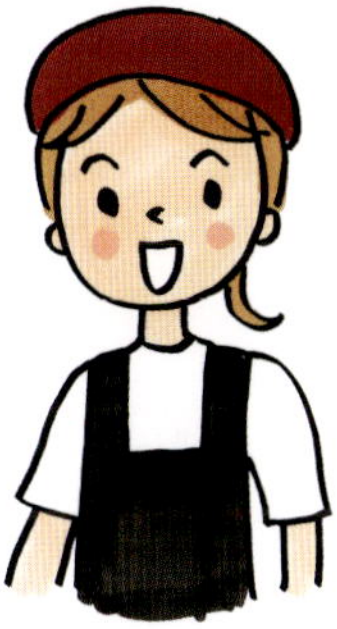

yor012_c

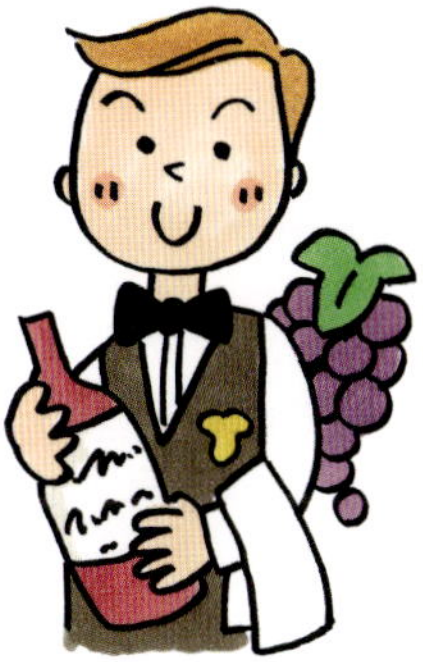

yor013_c

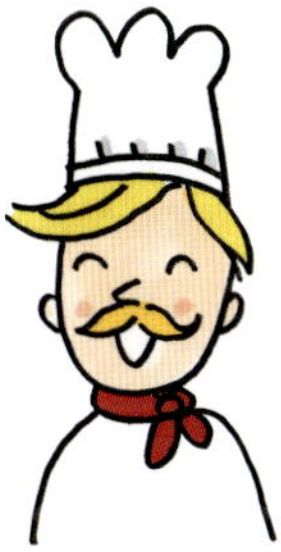

yor014_c

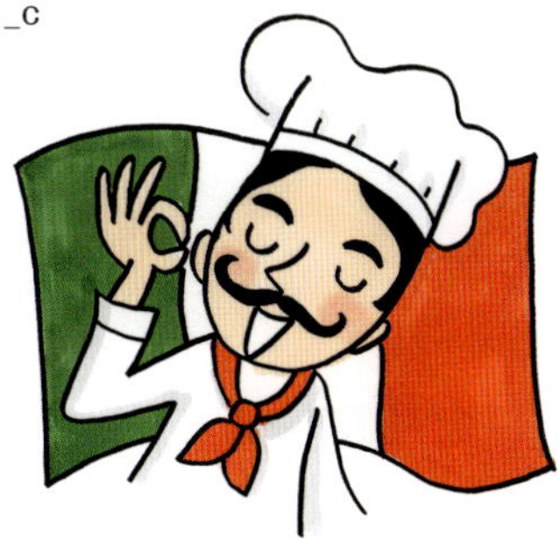

yor015_c

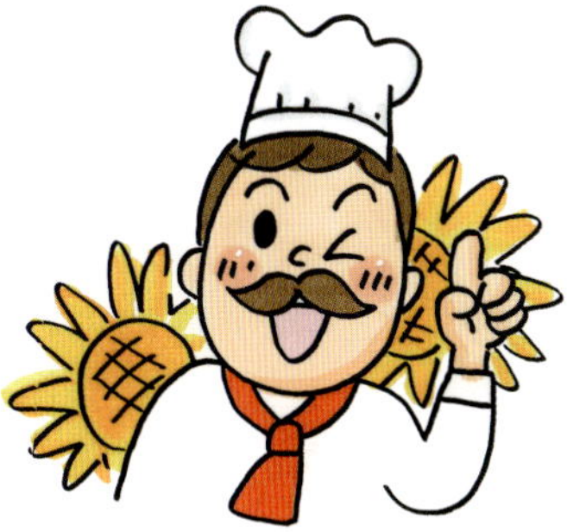

yor016_c

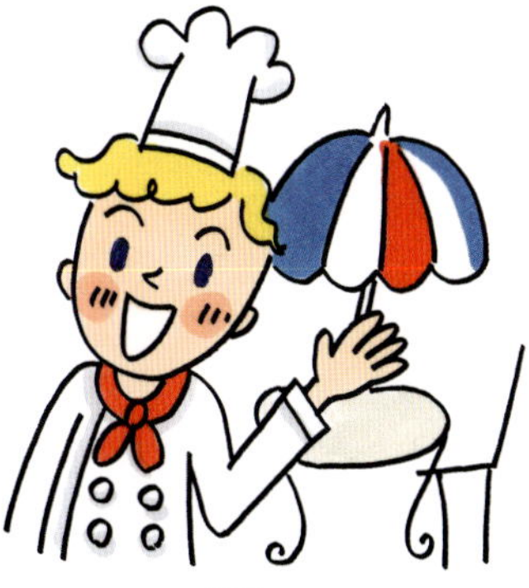

yor017_c

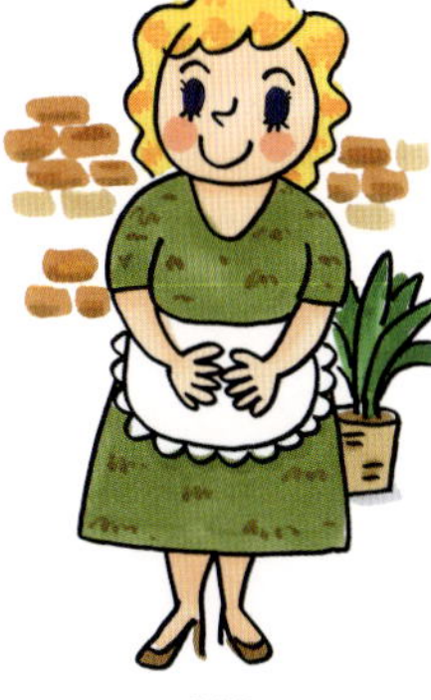

yor018_c

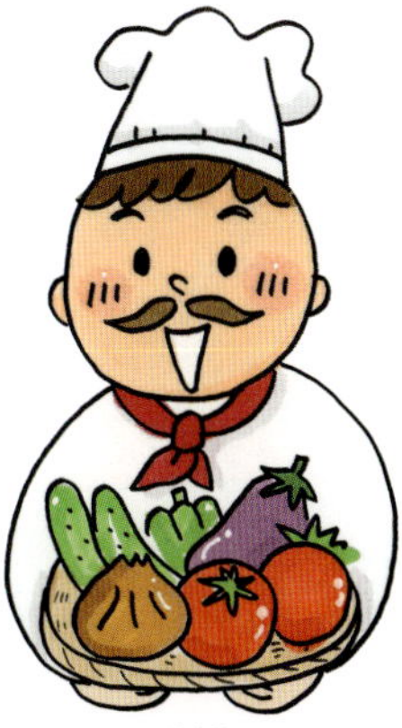

yor019_c

04 ケーキ屋さん・パン屋さん

Folder 01 人物イラスト

※カラーのデータのみを掲載しています。白黒のデータ名の末尾には「_s」(例:cap001_s)がつきます。

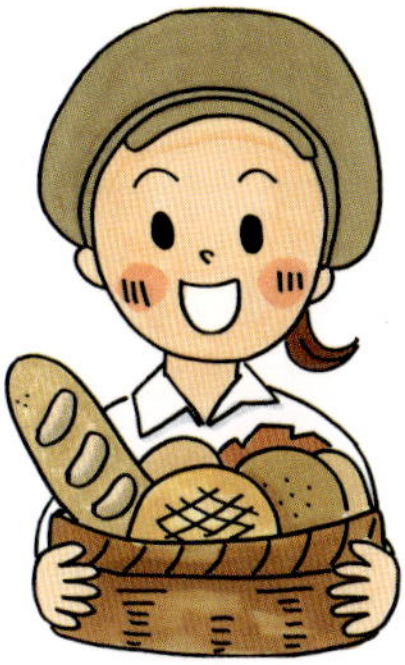

cap008_c

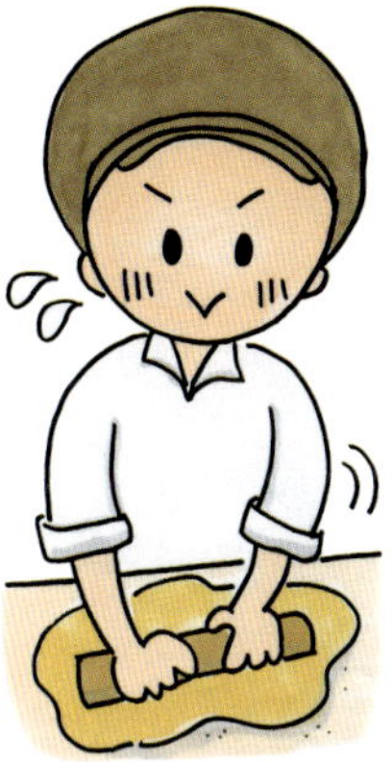

cap009_c

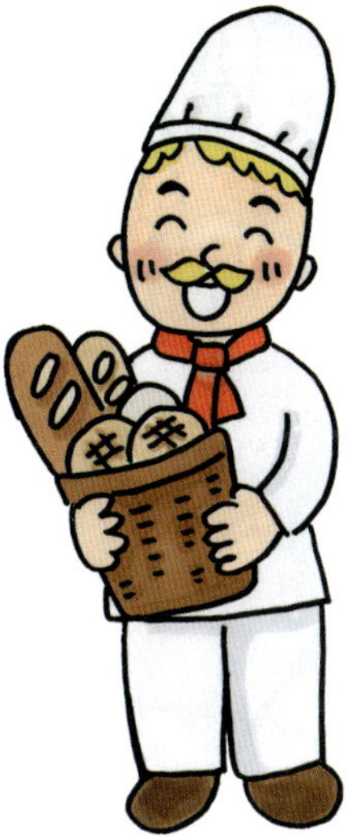

cap010_c

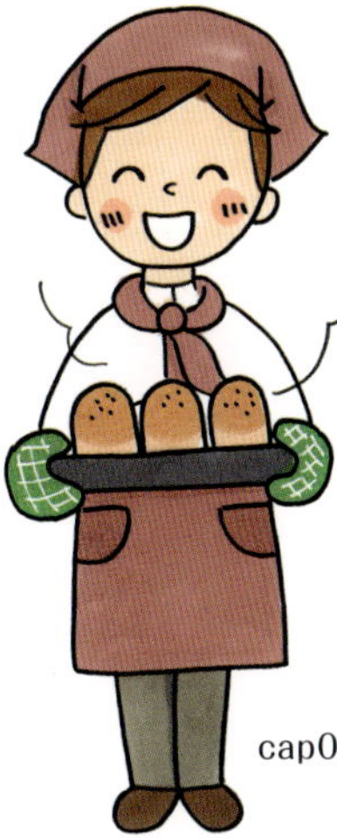

cap011_c

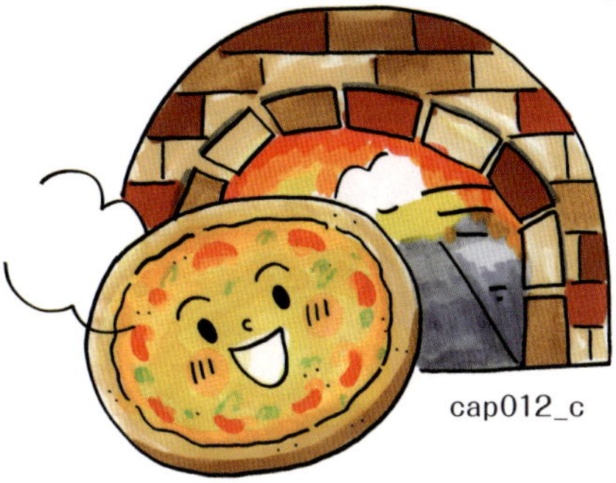

cap012_c

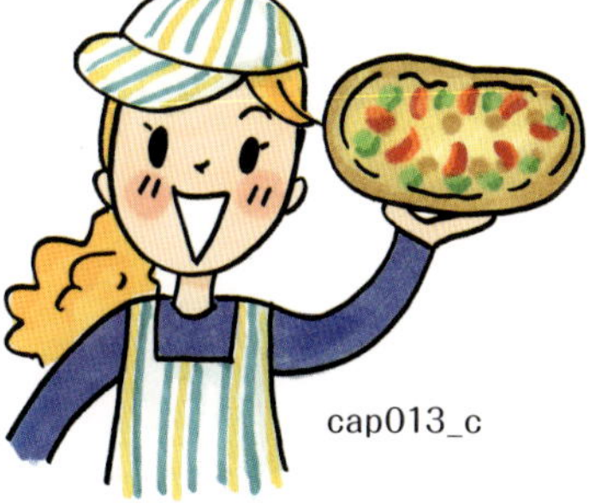

cap013_c

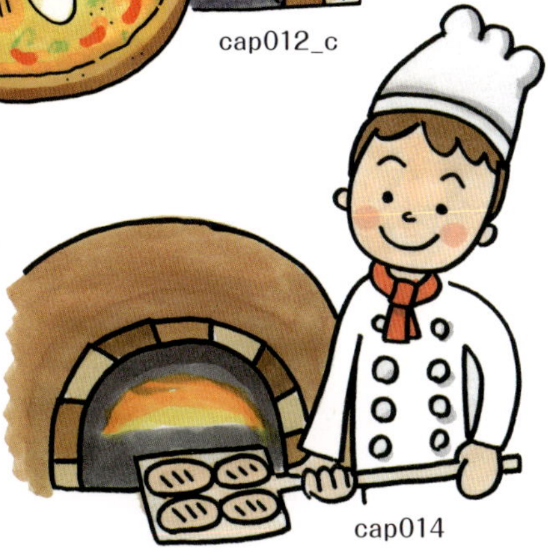

cap014

Folder 01　人物イラスト

05 居酒屋さん・和食屋さんほか

◆このページのデータは、ここにあります

JPG → Folder01 → J05_izw
JPG カラー／白黒

PNG → Folder01 → P05_izw
PNG カラー／白黒

※カラーのデータのみを掲載しています。白黒のデータ名の末尾には「_s」(例：izw001_s)がつきます。

izw011_c

izw012_c

izw013_c

izw014_c

izw015_c

izw016_c

izw017_c

izw018_c

izw019_c

Folder 01　人物イラスト

06 その他の店員さん

sot001_c

sot002_c

sot003_c

sot004_c

sot005_c

sot006_c

sot007_c

sot008_c

※カラーのデータのみを掲載しています。白黒のデータ名の末尾には「_s」(例：sot001_s) がつきます。

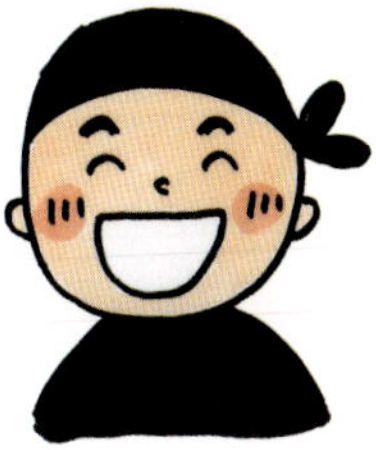

sot009_c

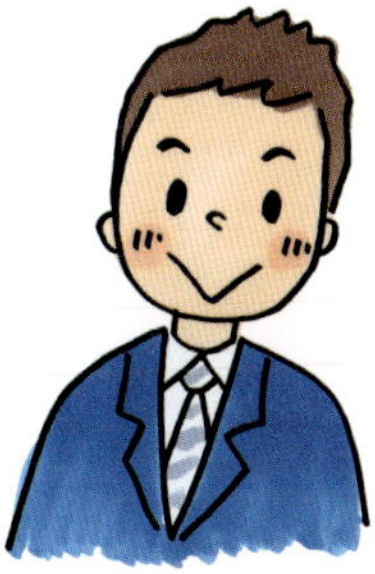

sot010_c

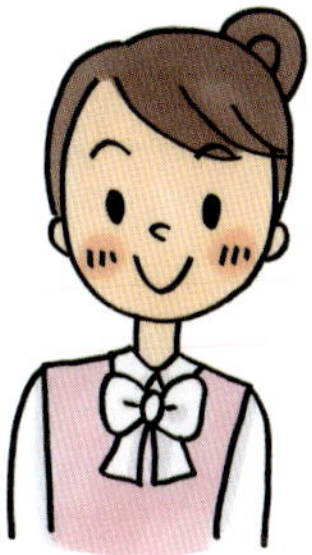

sot011_c

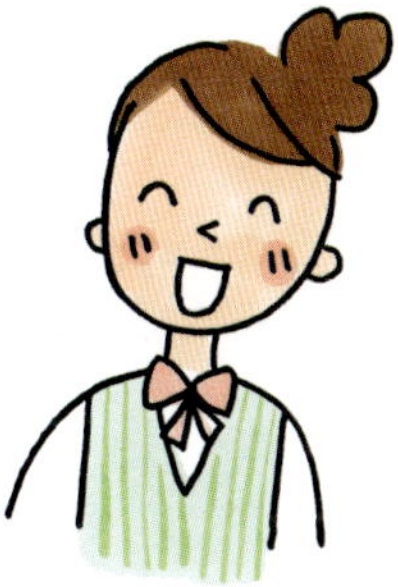

sot012_c

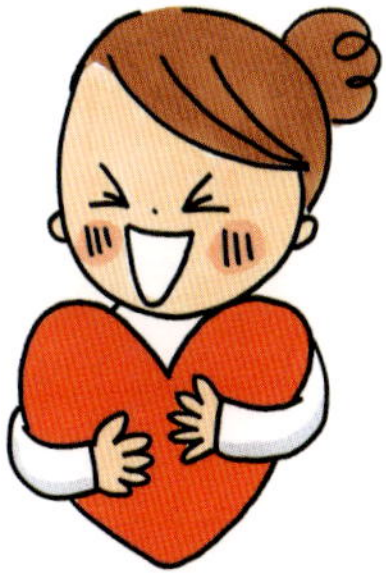

sot013_c

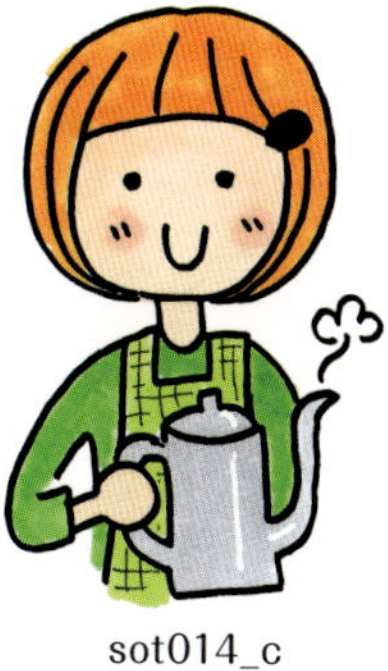

sot014_c

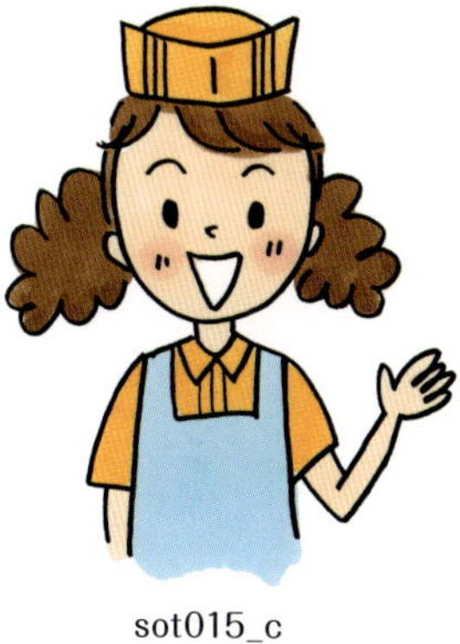

sot015_c

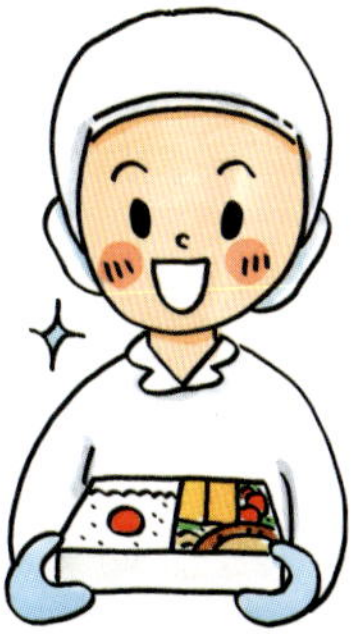

sot016_c

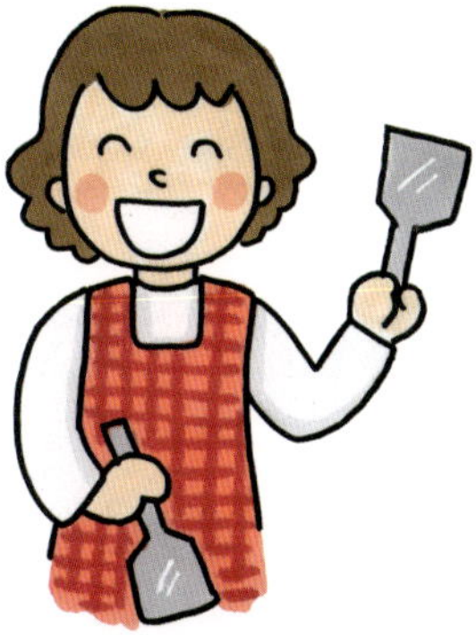

sot017_c

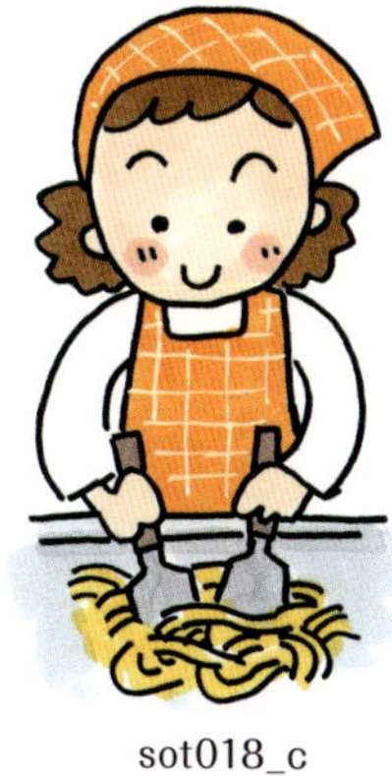

sot018_c

Folder 01　人物イラスト

07 社会人の食生活

sha001_c

sha002_c

sha003_c

sha004_c

sha005_c

sha006_c

sha007_c

sha008_c

◆このページのデータは、ここにあります → JPG → Folder01 → J07_sha ／ PNG → Folder01 → P07_sha

JPG カラー／白黒

PNG カラー／白黒

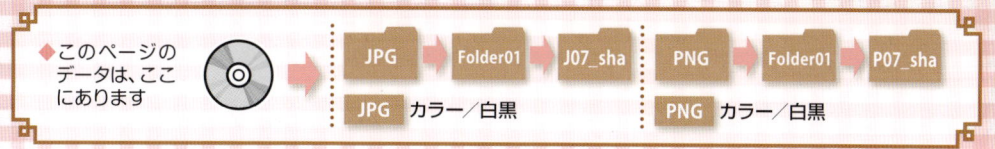

※カラーのデータのみを掲載しています。白黒のデータ名の末尾には「_s」（例：sha001_s）がつきます。

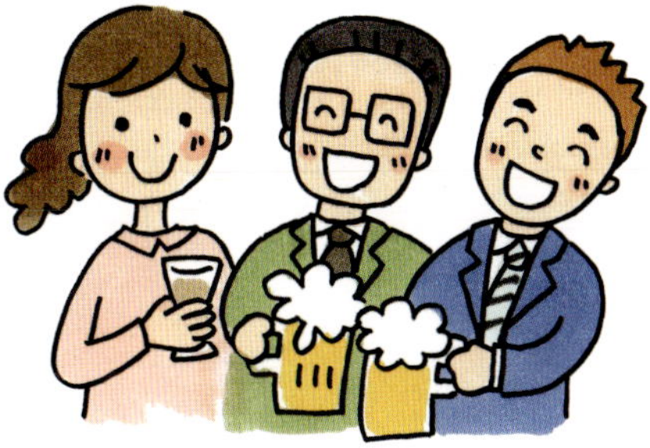

sha009_c

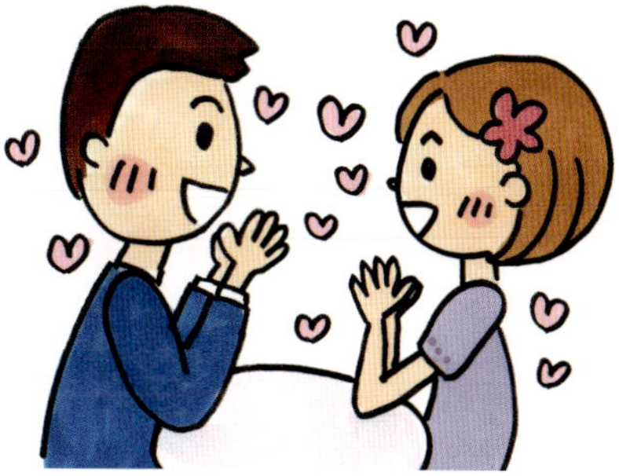

sha010_c

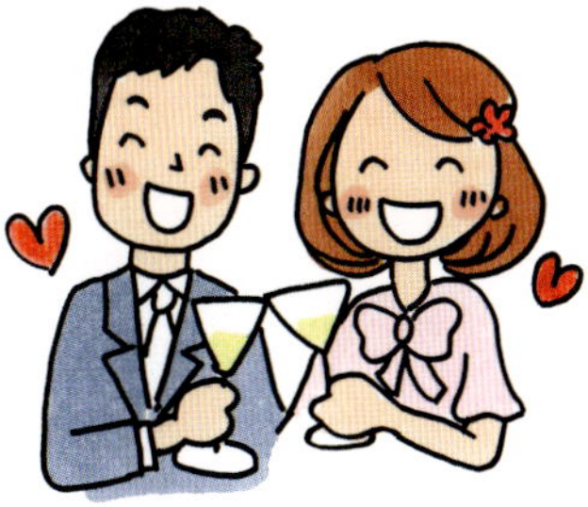

sha011_c

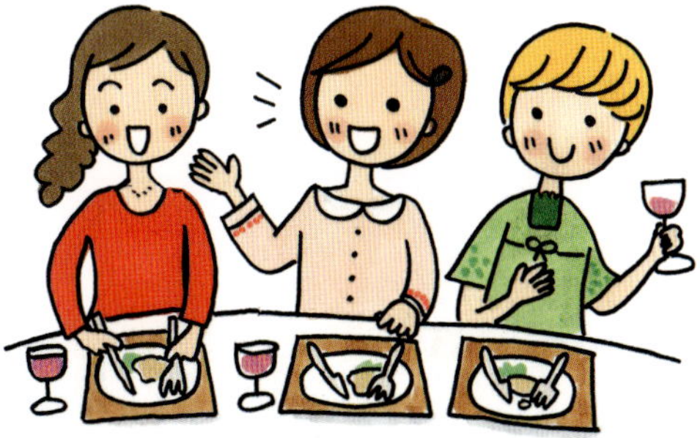

sha012_c

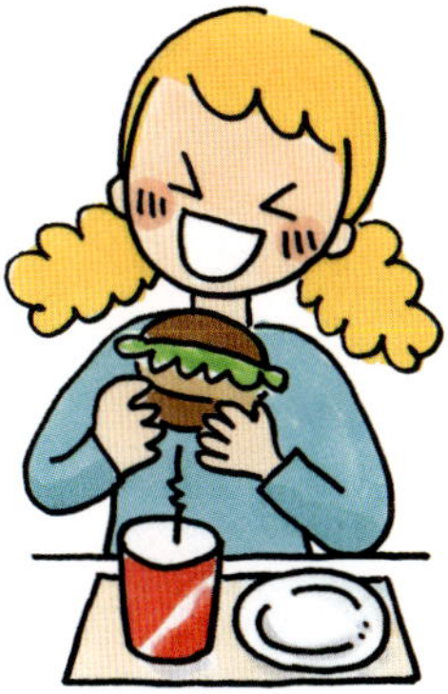

sha013_c

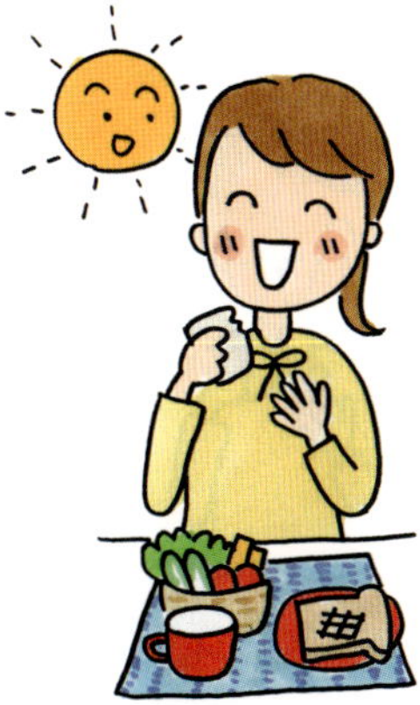

sha014_c

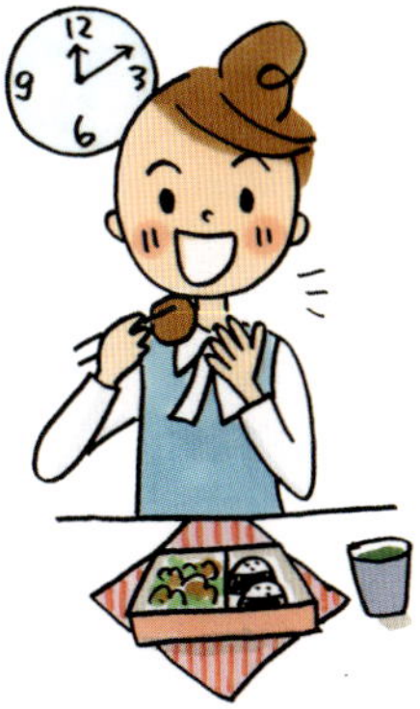

sha015_c

Folder 01　人物イラスト

08　楽しいパーティー

par001_c

par002_c

par003_c

par004_c

par005_c

par006_c

◆このページのデータは、ここにあります

| JPG | Folder01 | J08_par |
| PNG | Folder01 | P08_par |

JPG カラー／白黒
PNG カラー／白黒

※カラーのデータのみを掲載しています。白黒のデータ名の末尾には「_s」（例：par001_s）がつきます。

par007_c

par008_c

par009_c

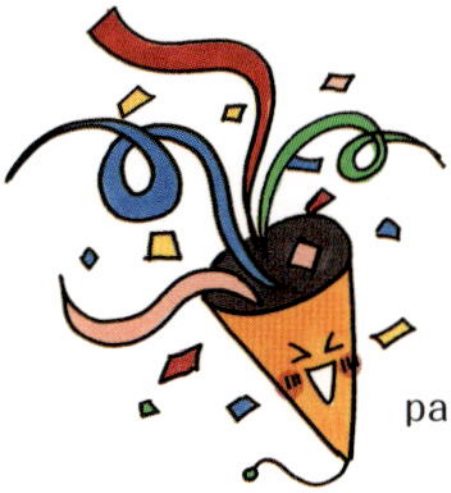

par010_c

par011_c

par012_c

par013_c

par014_c

par015_c

Folder 01 人物イラスト

09 家族でお出かけ

ode001_c

ode002_c

ode003_c

ode004_c

ode005_c

ode006_c

※カラーのデータのみを掲載しています。白黒のデータ名の末尾には「_s」(例：ode001_s) がつきます。

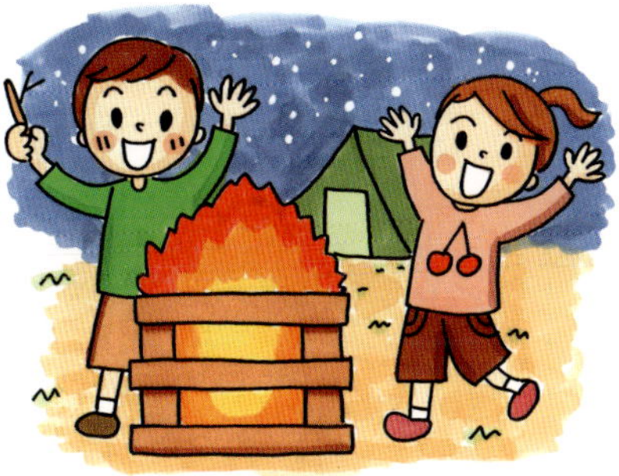

ode007_c

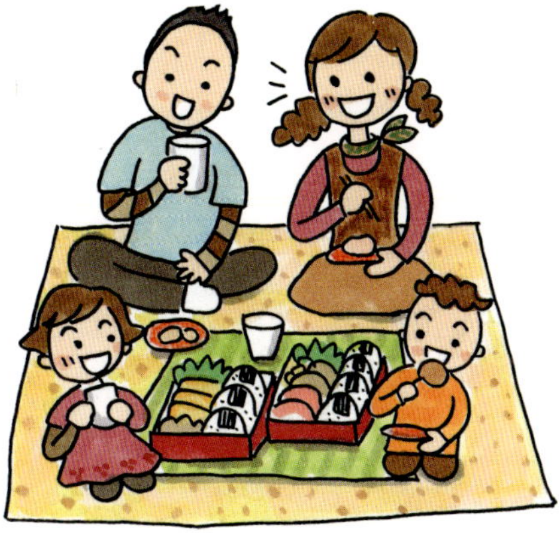

ode008_c

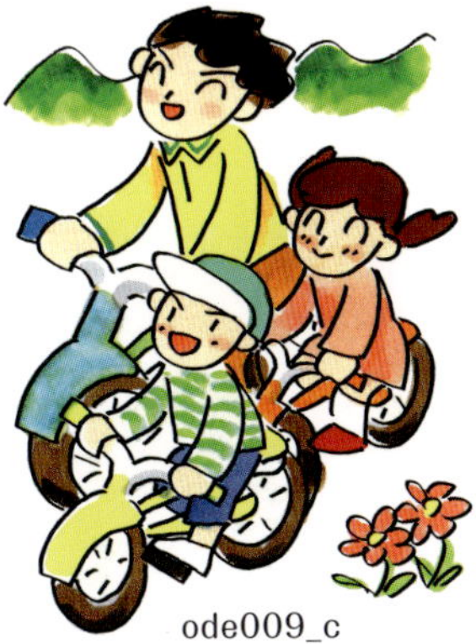

ode009_c

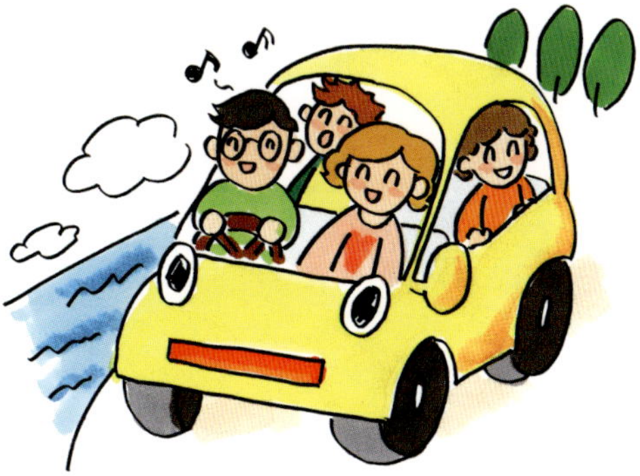

ode010_c

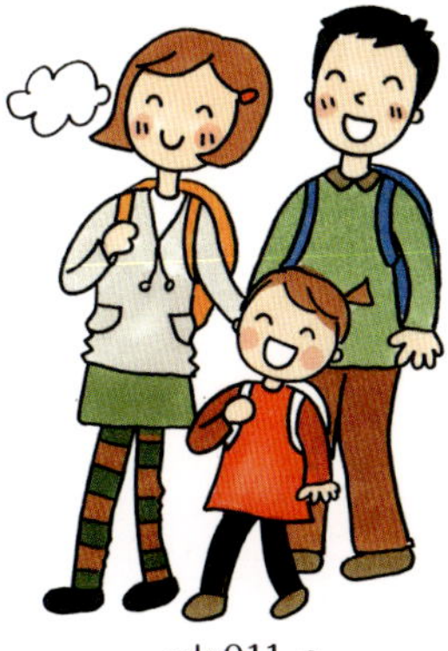

ode011_c

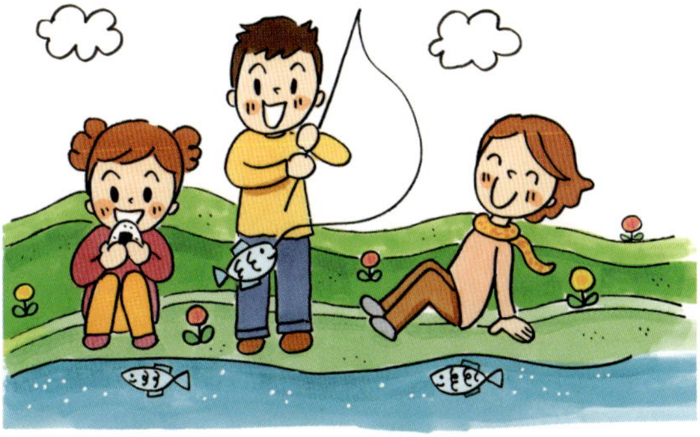

ode012_c

Folder 01　人物イラスト

10 家族の食卓

syo001_c

syo002_c

syo003_c（文字あり）★
syo004_c（文字なし）★

syo005_c

syo006_c

syo007_c

※カラーのデータのみを掲載しています。白黒のデータ名の末尾には「_s」(例：syo001_s)がつきます。
★印のイラストは白黒のデータがありません。カラーのデータのみを収録しています。

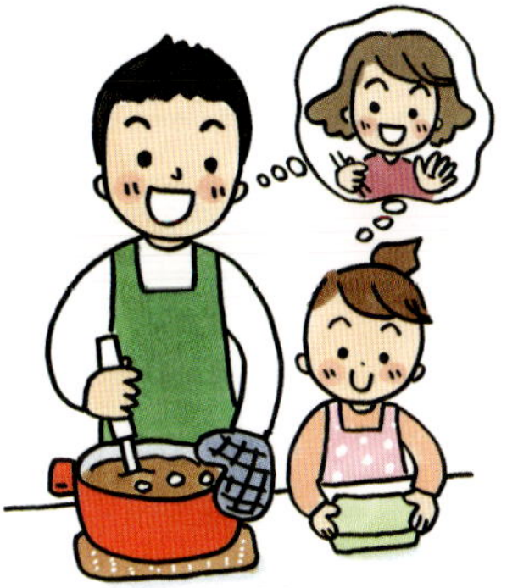

syo008_c

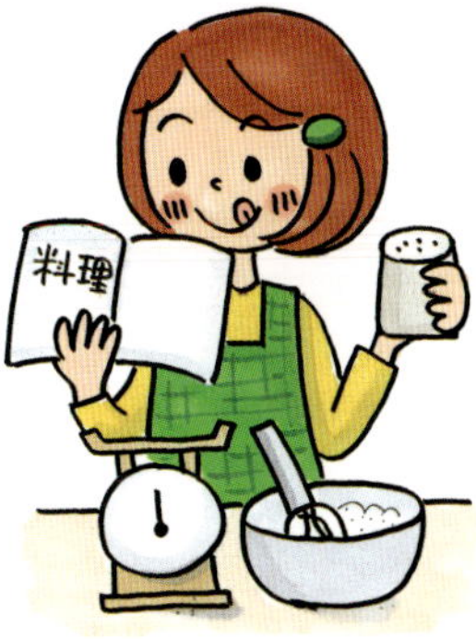

syo009_c

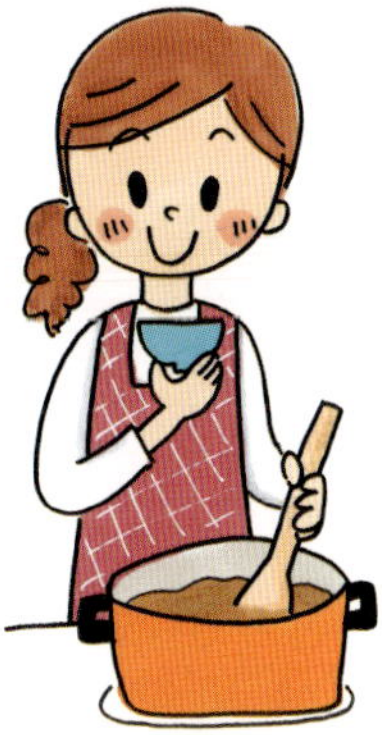

syo010_c

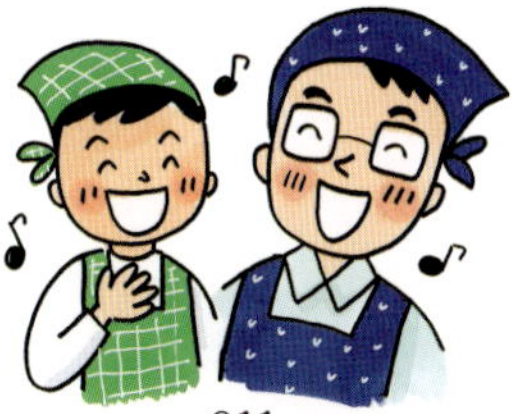

syo011_c

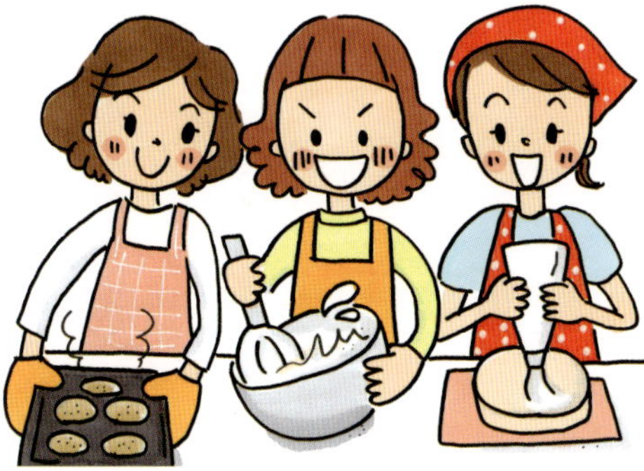

syo012_c

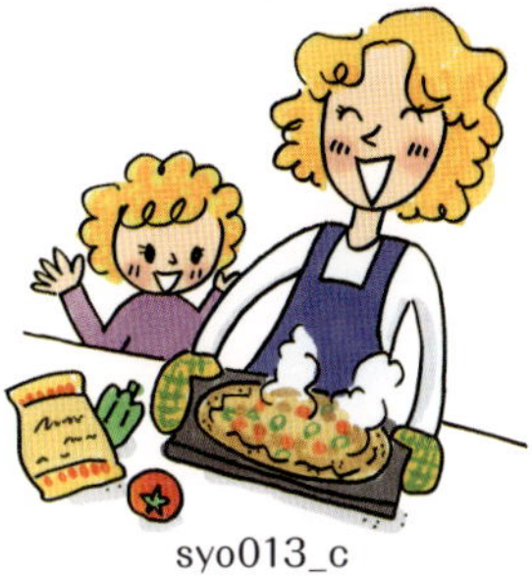

syo013_c

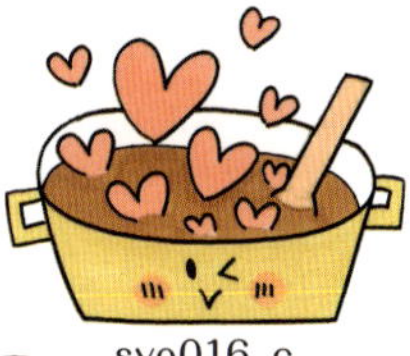

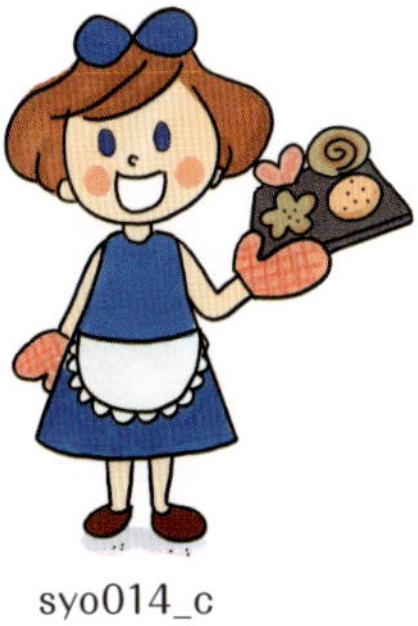

syo014_c

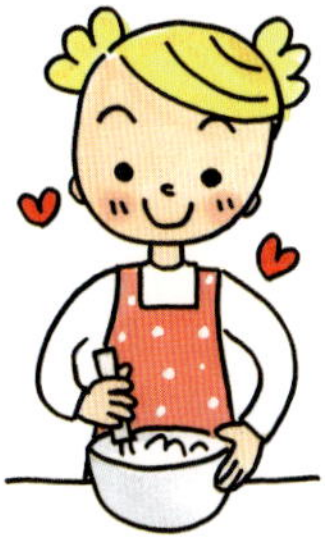

syo015_c

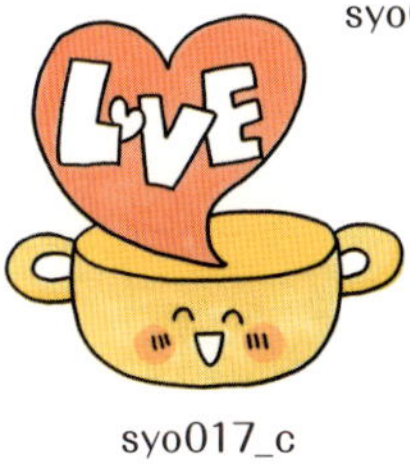

syo016_c

syo017_c

Folder 01　人物イラスト

11　家族の表情いろいろ

hyo001_c

hyo002_c

hyo006_c

hyo007_c

hyo003_c

hyo004_c

hyo005_c

hyo008_c

hyo009_c

hyo010_c

hyo011_c

※カラーのデータのみを掲載しています。白黒のデータ名の末尾には「_s」(例：hyo001_s)がつきます。

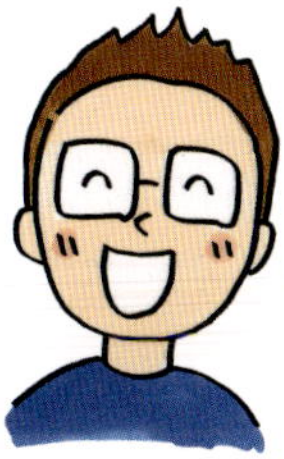

hyo012_c 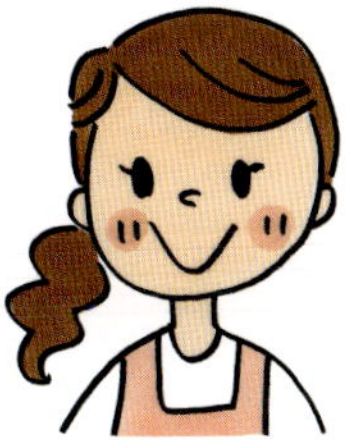　　　hyo013_c 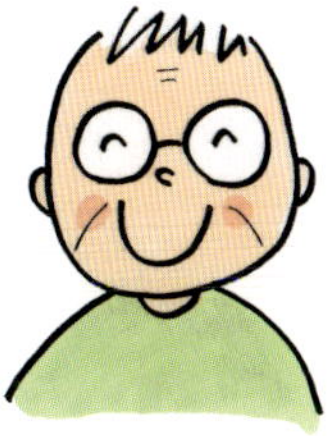　　　hyo014_c 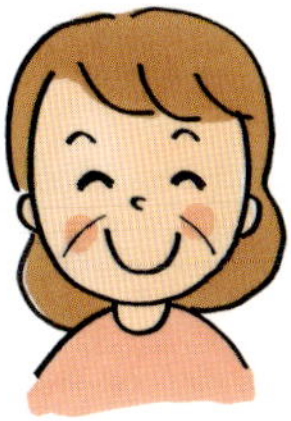　　　hyo015_c

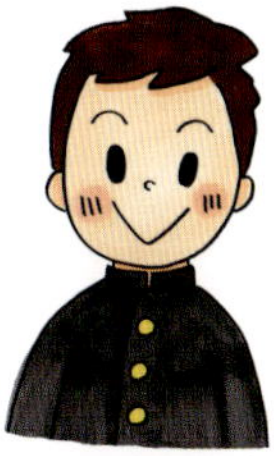

hyo016_c 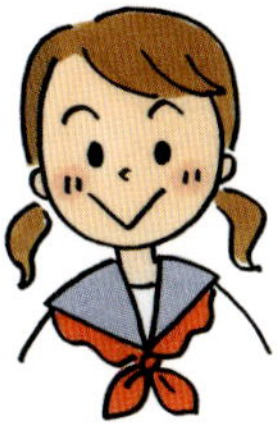　　　hyo017_c 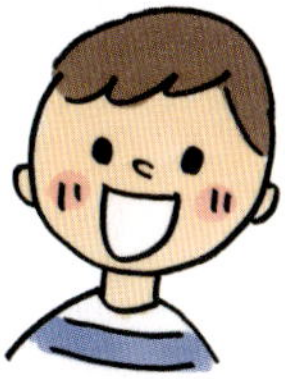　　　hyo018_c 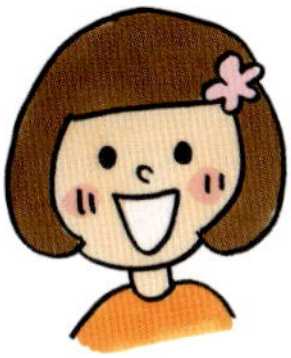　　　hyo019_c

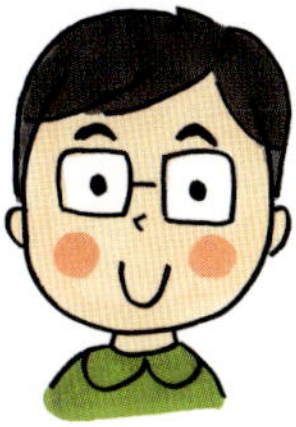

hyo020_c 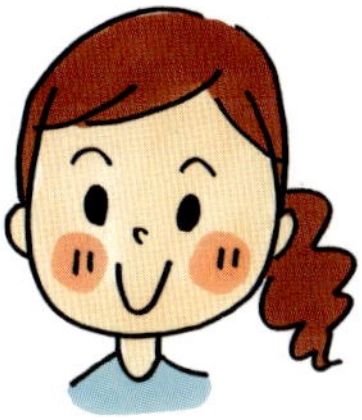　　　hyo021_c 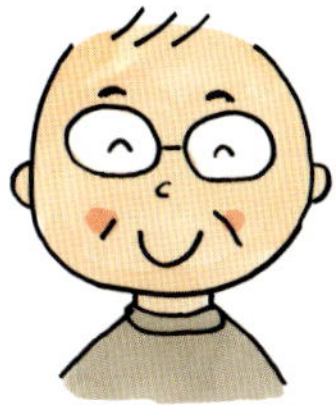　　　hyo022_c 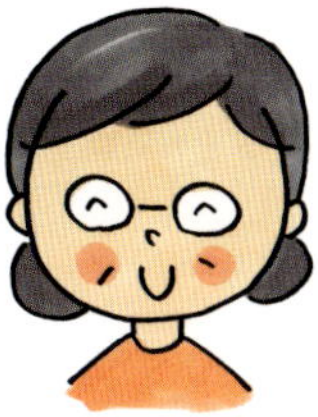　　　hyo023_c

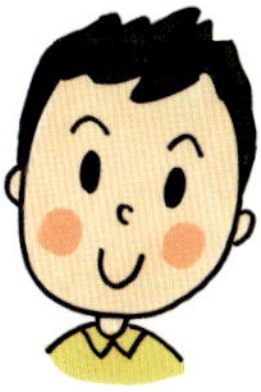

hyo024_c 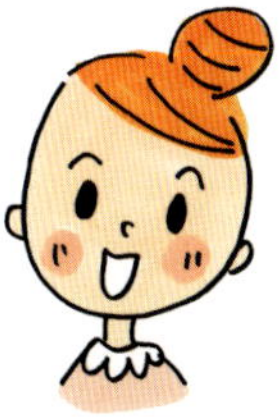　　hyo025_c 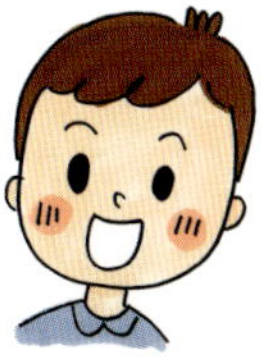　　hyo026_c 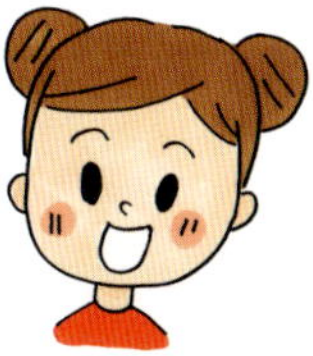　　hyo027_c 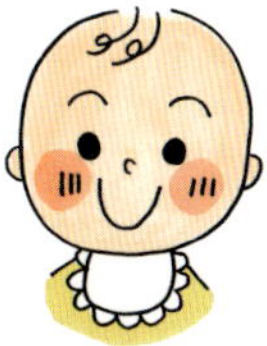　　hyo028_c

Folder 01　人物イラスト

12　味覚の表情いろいろ

mik001_c

mik002_c

mik003_c

mik004_c

mik005_c

mik006_c

mik007_c

mik008_c

mik009_c

mik010_c

mik011_c

mik012_c

mik013_c

※カラーのデータのみを掲載しています。白黒のデータ名の末尾には「_s」（例：mik001_s）がつきます。

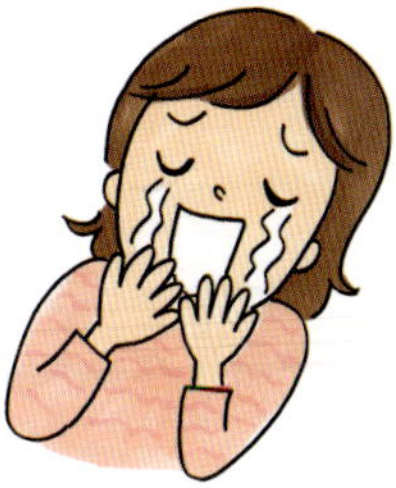

mik014_c

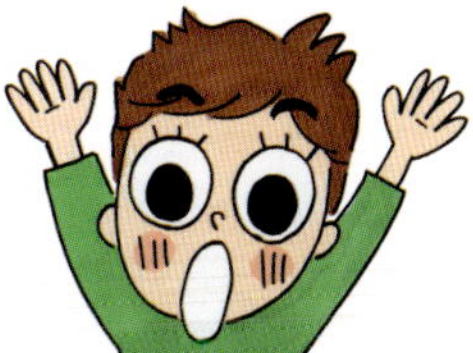

mik015_c

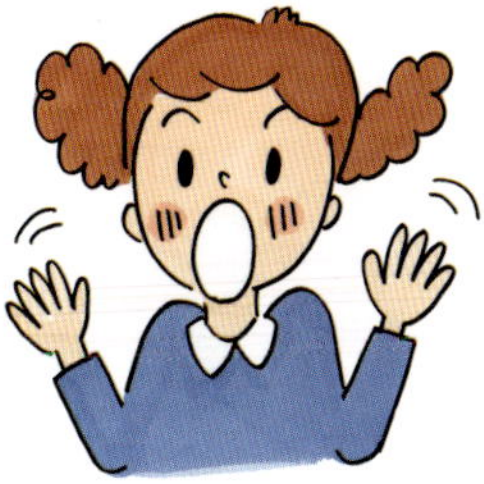

mik016_c

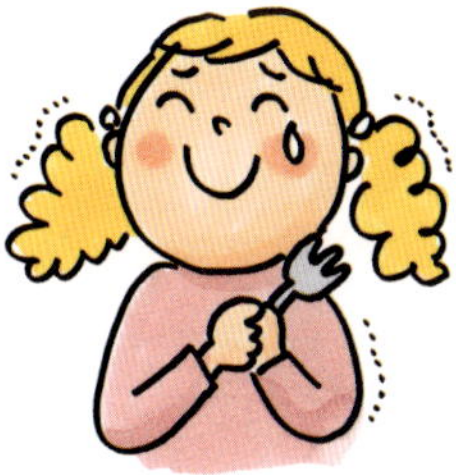

mik017_c

mik018_c

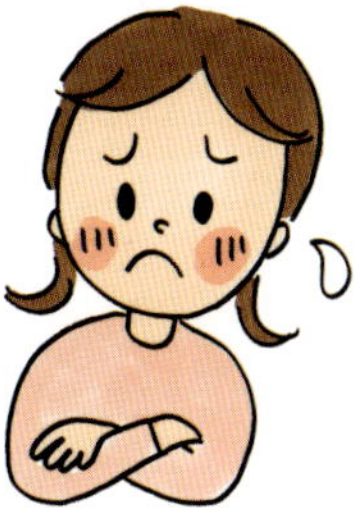

mik019_c

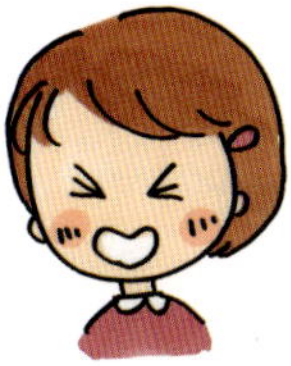

mik020_c

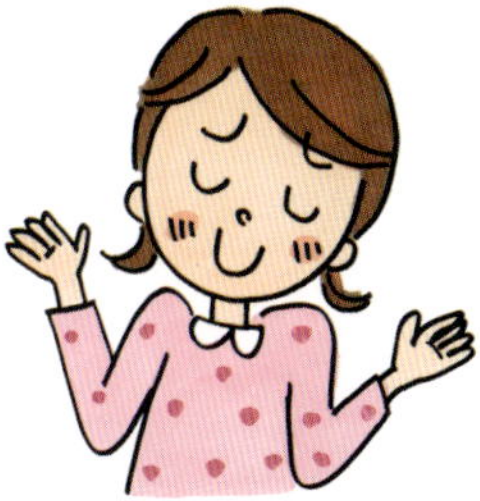

mik021_c

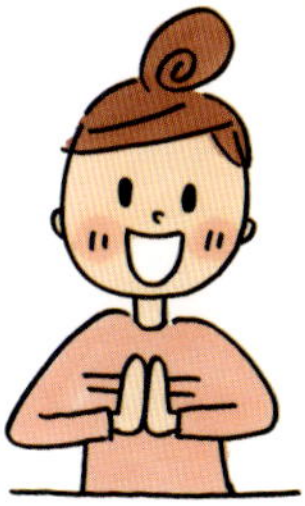

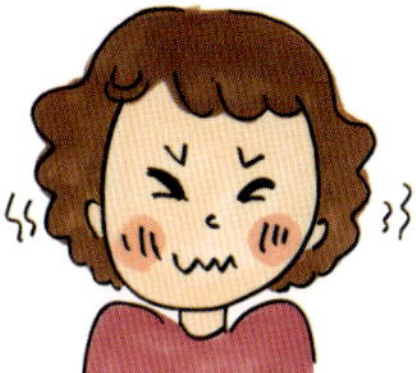

mik022_c

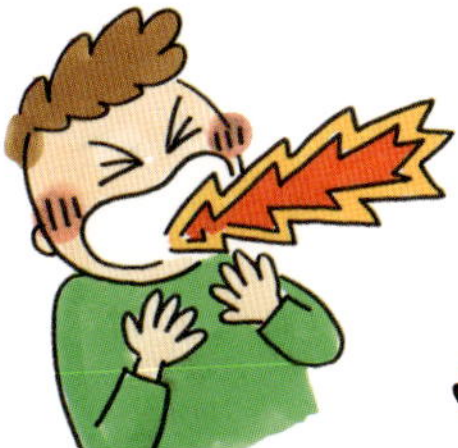

mik023_c

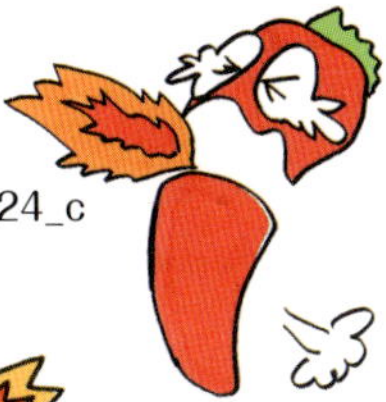

mik024_c

mik025_c

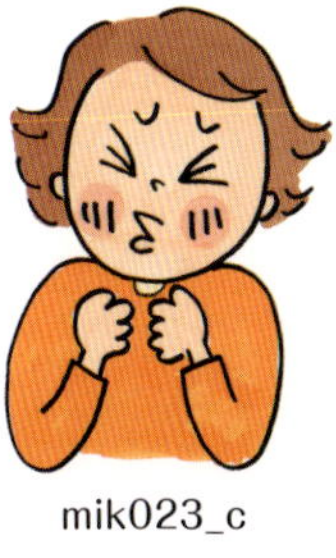

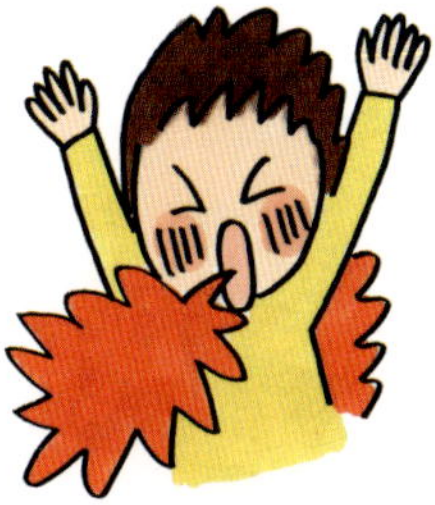

mik026_c

Folder 01　人物イラスト

13　食と健康

ken001_c

ken002_c

ken003_c

ken004_c

ken005_c

ken006_c

ken007_c

ken008_c

ken009_c

ken010_c

◆このページのデータは、ここにあります

JPG カラー／白黒
PNG カラー／白黒

※カラーのデータのみを掲載しています。白黒のデータ名の末尾には「_s」（例：ken001_s）がつきます。

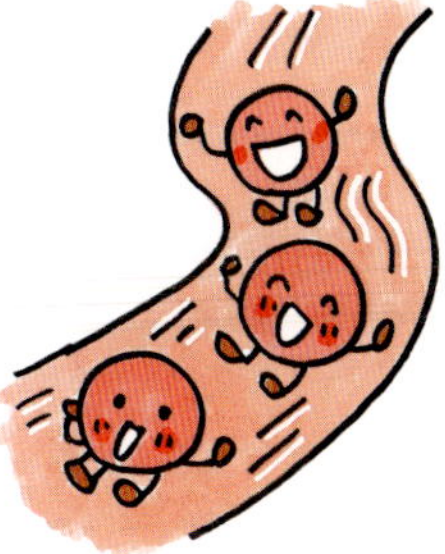

ken011_c

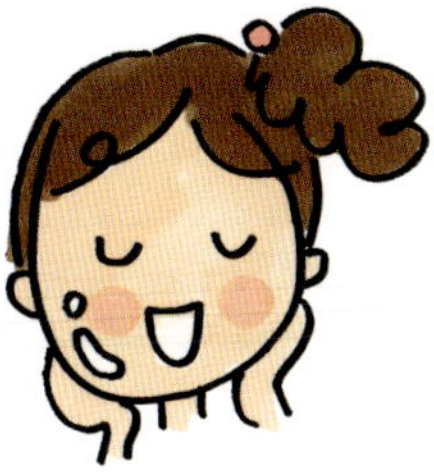

ken012_c

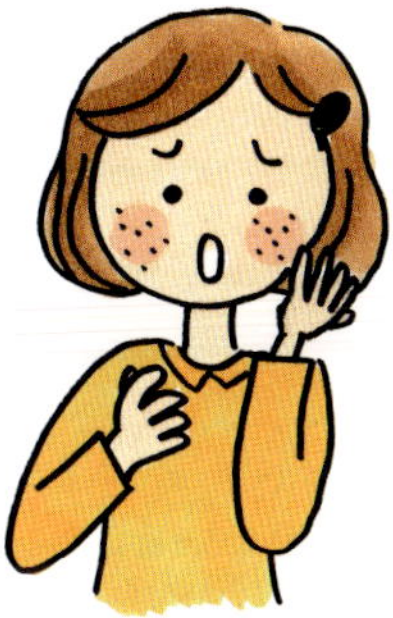

ken013_c

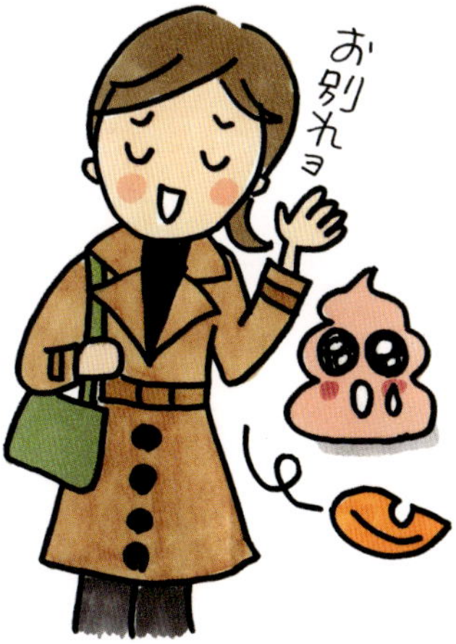

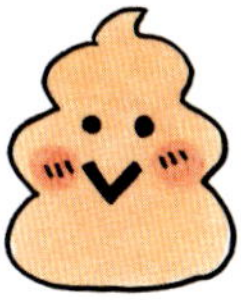

ken014_c

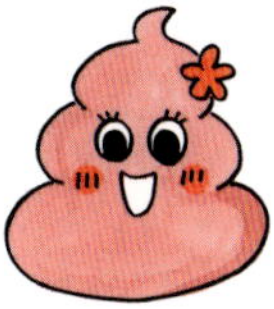

ken015_c

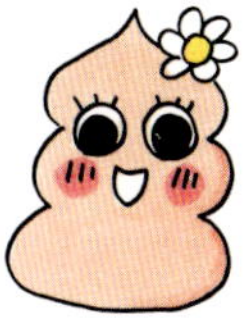

ken016_c

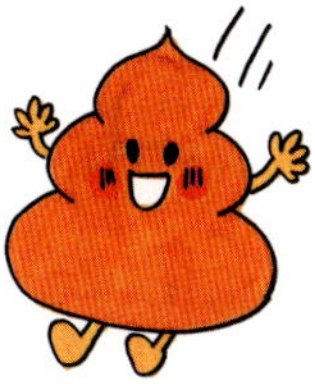

ken017_c

ken018_c

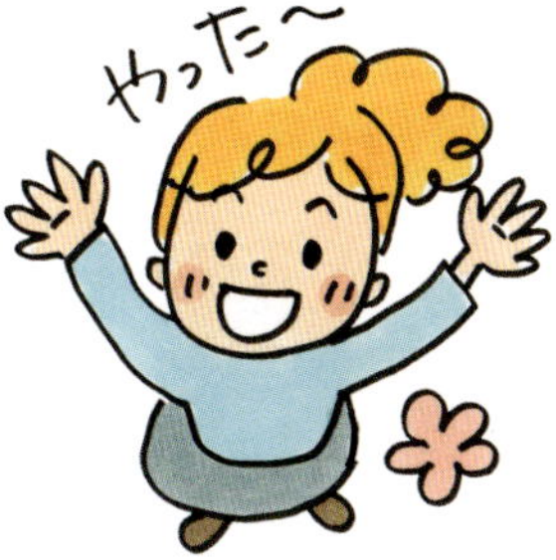

ken019_c

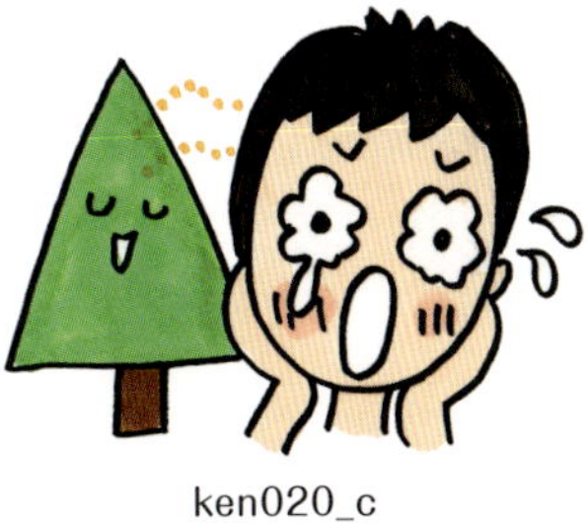

ken020_c

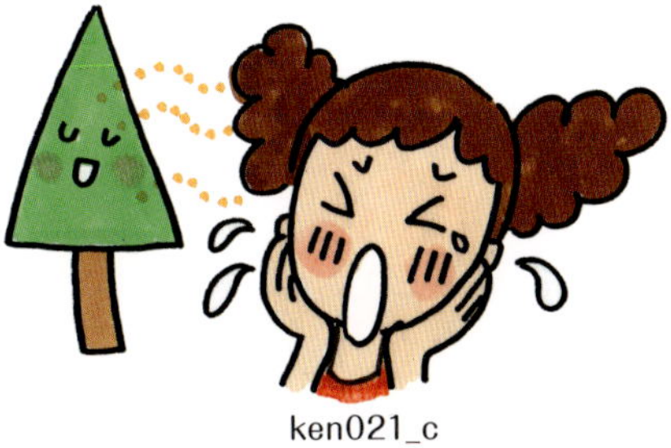

ken021_c

Folder 01　人物イラスト

14 女性店員さん

jos001_c 　jos002_c 　jos003_c 　jos004_c 　jos005_c

jos006_c 　jos007_c 　jos008_c 　jos009_c 　jos010_c

jos011_c 　jos012_c 　jos013_c 　jos014_c 　jos015_c

※カラーのデータのみを掲載しています。白黒のデータ名の末尾には「_s」(例：jos001_s)がつきます。

◆このページのデータは、ここにあります　→　JPG → Folder01 → J14_jos　　PNG → Folder01 → P14_jos
JPG カラー／白黒　　PNG カラー／白黒

Folder 02 食材イラスト

POP作例 イラスト素材＋Microsoft Word＋手書き文字

イラスト素材：「いちごキャラクター（yas065_c、yas066_c、yas067_c ▶P39）」をMicrosoft Wordに挿入して、大きさを調整して配置し、白い紙にプリントアウトします。それぞれをハサミで切り抜いて、ピンクの色画用紙に紙からはみ出すように貼ります。その後、タイトル文字などをPOP用の赤いマーカーで、手書きで書き入れました。

Folder 02　食材イラスト

01 野菜・果物 その1

yas001_c（文字あり）
yas002_c（文字なし）

yas003_c（文字あり）
yas004_c（文字なし）

yas005_c（文字あり）
yas006_c（文字なし）

yas007_c（文字あり）
yas008_c（文字なし）

yas009_c（文字あり）
yas010_c（文字なし）

yas011_c（文字あり）
yas012_c（文字なし）

yas013_c（文字あり）
yas014_c（文字なし）

yas015_c（文字あり）
yas016_c（文字なし）

◆ このページのデータは、ここにあります

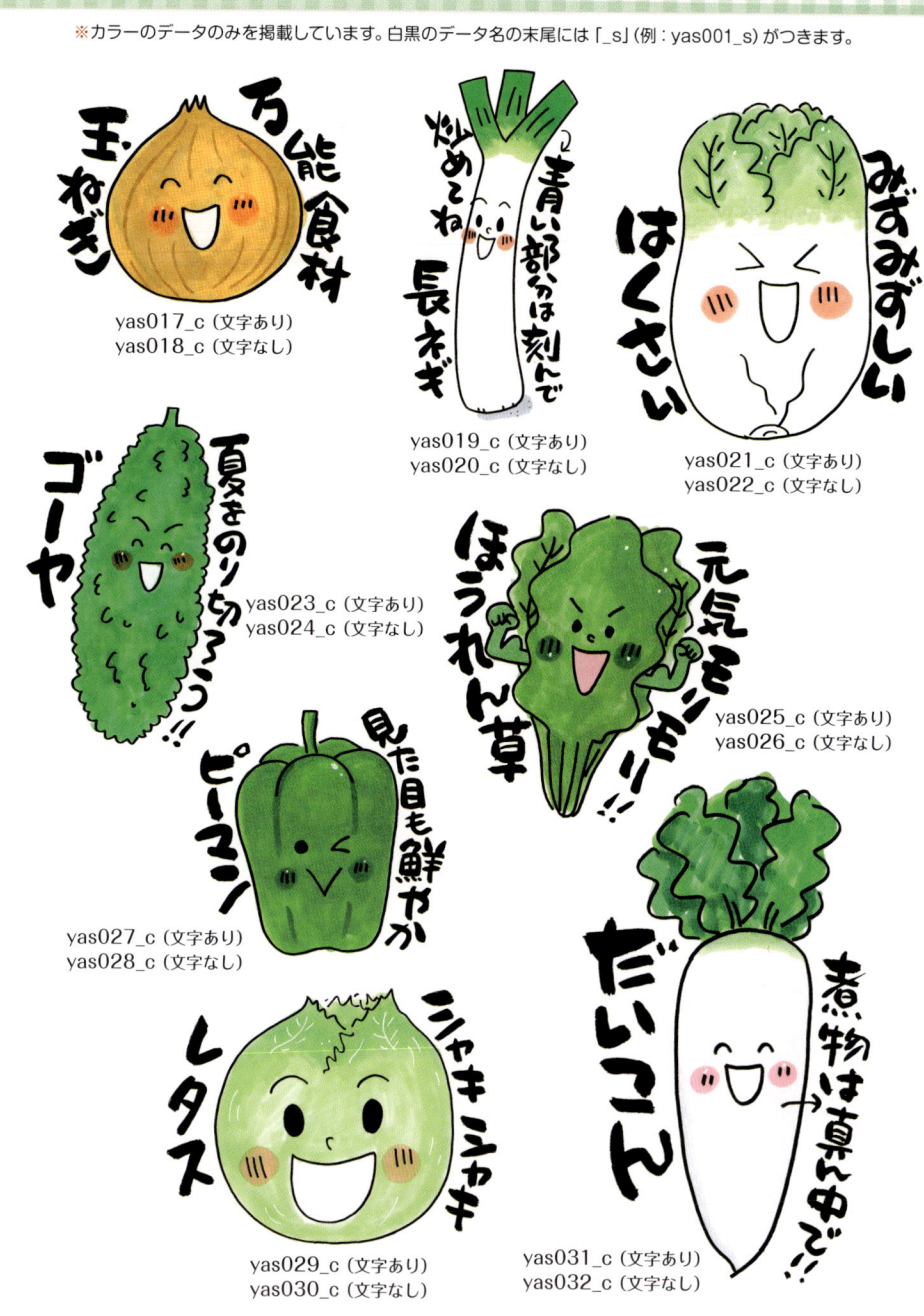

JPG → Folder02 → J01_yas
JPG カラー／白黒

PNG → Folder02 → P01_yas
PNG カラー／白黒

※カラーのデータのみを掲載しています。白黒のデータ名の末尾には「_s」（例：yas001_s）がつきます。

万能食材 玉ねぎ
yas017_c（文字あり）
yas018_c（文字なし）

青い部分は刻んで炒めてね 長ねぎ
yas019_c（文字あり）
yas020_c（文字なし）

みずみずしい はくさい
yas021_c（文字あり）
yas022_c（文字なし）

夏のりきろう!! ゴーヤ
yas023_c（文字あり）
yas024_c（文字なし）

元気モリモリ!! ほうれん草
yas025_c（文字あり）
yas026_c（文字なし）

見た目も鮮やか ピーマン
yas027_c（文字あり）
yas028_c（文字なし）

シャキシャキ レタス
yas029_c（文字あり）
yas030_c（文字なし）

煮物は真ん中で!! だいこん
yas031_c（文字あり）
yas032_c（文字なし）

Folder 02　食材イラスト

02 野菜・果物 その2

yas033_c

yas034_c

yas035_c

yas036_c

yas037_c

yas038_c

yas039_c

yas040_c

yas041_c

yas042_c

yas043_c

◆ このページの
データは、ここ
にあります

JPG → Folder02 → J02_yas

PNG → Folder02 → P02_yas

JPG カラー／白黒　**PNG** カラー／白黒

※カラーのデータのみを掲載しています。白黒のデータ名の末尾には「_s」（例：yas033_s）がつきます。

yas044_c

yas045_c

yas046_c

yas047_c

yas048_c

yas050_c

yas049_c

yas051_c

yas052_c

yas053_c

| Folder 02 | 食材イラスト |

03 野菜・果物 その3

yas054_c

yas055_c

yas056_c

yas057_c

yas058_c

yas059_c

yas060_c

yas061_c

yas062_c

yas063_c

yas064_c

◆このページの
データは、ここ
にあります

→ JPG → Folder02 → J03_yas
JPG カラー／白黒

→ PNG → Folder02 → P03_yas
PNG カラー／白黒

※カラーのデータのみを掲載しています。白黒のデータ名の末尾には「_s」（例：yas054_s）がつきます。

yas065_c

yas066_c

yas067_c

yas068_c

yas069_c

yas070_c

yas071_c

39

Folder 02 食材イラスト

04 海鮮物いろいろ

kai001_c

kai002_c

kai003_c

kai004_c

kai005_c

kai006_c

kai007_c

kai008_c

kai009_c

◆このページの
　データは、ここ
　にあります

JPG → Folder02 → J04_kai
JPG　カラー／白黒

PNG → Folder02 → P04_kai
PNG　カラー／白黒

※カラーのデータのみを掲載しています。白黒のデータ名の末尾には「_s」（例：kai001_s）がつきます。

kai010_c

kai011_c

kai012_c

kai013_c

kai014_c

kai015_c

kai018_c

kai016_c

kai017_c

kai020_c

kai019_c

kai021_c

Folder 02　食材イラスト

05

精肉いろいろ

nik001_c

nik002_c

nik003_c

nik004_c

nik005_c

nik006_c

nik007_c

nik008_c

nik009_c

nik010_c

nik011_c

◆このページの
データは、ここ
にあります → JPG → Folder02 → J05_nik   PNG → Folder02 → P05_nik

JPG カラー／白黒   PNG カラー／白黒

※カラーのデータのみを掲載しています。白黒のデータ名の末尾には「_s」（例：nik001_s）がつきます。

nik012_c

nik013_c

nik014_c

nik015_c

nik016_c

nik017_c

nik018_c

nik019_c

nik020_c

nik021_c

43

Folder 02　食材イラスト

06　精肉・加工肉

sei001_c

sei002_c

sei003_c

sei004_c

sei005_c

sei006_c

sei007_c

※カラーのデータのみを掲載しています。白黒のデータ名の末尾には「_s」（例：sei001_s）がつきます。

◆このページの
データは、ここ
にあります

JPG → Folder02 → J06_sei
JPG　カラー／白黒

PNG → Folder02 → P06_sei
PNG　カラー／白黒

Folder 03

料理イラスト

POP作例

イラスト素材
＋Microsoft Word
＋手書き文字

イラスト素材：「コーヒー注ぎ中（wag019_c ▶P67）」をMicrosoft Wordに挿入して、大きさを調整して配置し、プリントアウトします。それをハサミで切り抜いて、白い画用紙に貼ります。その後、タイトル文字などをPOP用の黒と紫色のマーカーで、手書きで書き入れました。周囲のワク線は、クレヨンで描いています。

Folder 03 料理イラスト

01 和食の料理 その1

was001_c

was002_c

was003_c

was004_c

was005_c

was006_c

was007_c

was008_c

◆このページの
　データは、ここ
　にあります

JPG → Folder03 → J01_was
JPG　カラー／白黒

PNG → Folder03 → P01_was
PNG　カラー／白黒

※カラーのデータのみを掲載しています。白黒のデータ名の末尾には「_s」(例：was001_s)がつきます。

was009_c

was010_c

was011_c

was012_c

was013_c

was014_c

was015_c

was016_c

Folder 03　料理イラスト

02　和食の料理 その2

was017_c

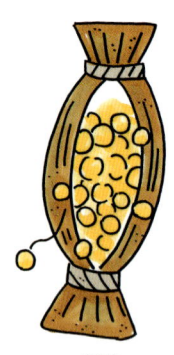

was018_c

was020_c

was021_c

was019_c

was022_c

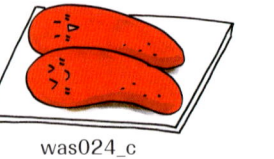

was024_c

was023_c

was025_c

was026_c

48

◆このページの
データは、ここ
にあります

| JPG | → | Folder03 | → | J02_was |
| PNG | → | Folder03 | → | P02_was |

JPG カラー／白黒
PNG カラー／白黒

※カラーのデータのみを掲載しています。白黒のデータ名の末尾には「_s」（例：was017_s）がつきます。

was027_c

was028_c

was029_c

was030_c

was031_c

was032_c

was033_c

was034_c

was035_c

was036_c

was037_c

was038_c

was039_c

was040_c

Folder 03　料理イラスト

03 和食の料理 その3

was041_c

was042_c

was043_c

was044_c

was045_c

was046_c

was047_c

50

◆このページの データは、ここ にあります		→	JPG → Folder03 → J03_was		PNG → Folder03 → P03_was	

JPG カラー／白黒　　　　**PNG** カラー／白黒

※カラーのデータのみを掲載しています。白黒のデータ名の末尾には「_s」(例：was041_s)がつきます。

was048_c

was049_c

was050_c

was051_c

was052_c

was053_c

was054_c

was059_c

was055_c

was056_c

was057_c

was058_c

51

| Folder 03 | 料理イラスト |

04 和食の料理 その4

was060_c

was061_c

was062_c

was063_c

was064_c

was065_c

was066_c

was067_c

was068_c

was069_c

◆このページのデータは、ここにあります

| JPG | → | Folder03 | → | J04_was |
| PNG | → | Folder03 | → | P04_was |

JPG カラー／白黒
PNG カラー／白黒

※カラーのデータのみを掲載しています。白黒のデータ名の末尾には「_s」(例：was060_s)がつきます。

was070_c

was071_c

was072_c

was073_c

was074_c

was075_c

was076_c

was077_c

was078_c

was079_c

was080_c

was081_c

was082_c

53

Folder 03　料理イラスト

05　洋食の料理 その1

you001_c

you002_c

you003_c

you004_c

you005_c

you006_c

you007_c

you008_c

◆このページの
データは、ここ
にあります

JPG → Folder03 → J05_you
JPG カラー／白黒

PNG → Folder03 → P05_you
PNG カラー／白黒

※カラーのデータのみを掲載しています。白黒のデータ名の末尾には「_s」（例：you001_s）がつきます。

you009_c

you010_c

you011_c

you012_c

you013_c

you014_c

you015_c

you016_c

you017_c

you018_c

55

Folder 03　料理イラスト

06 洋食の料理 その2

you019_c

you020_c

you021_c

you022_c

you023_c

you024_c

you025_c

you026_c

you027_c

you028_c

you029_c

◆このページの
　データは、ここ
　にあります

JPG	➡	Folder03	➡	J06_you
JPG	カラー／白黒			

PNG	➡	Folder03	➡	P06_you
PNG	カラー／白黒			

※カラーのデータのみを掲載しています。白黒のデータ名の末尾には「_s」(例：you019_s) がつきます。

you031_c

you030_c

you032_c

you033_c

you034_c

you035_c

you036_c

you037_c

you038_c

you040_c

you039_c

you041_c

you042_c

Folder 03　料理イラスト

07　中華の料理

chu001_c

chu002_c

chu003_c

chu004_c

chu005_c

chu006_c

chu007_c

chu008_c

chu009_c

chu010_c

chu011_c

58

◆このページの データは、ここ にあります

JPG	→	Folder03	→	J07_chu
JPG	カラー／白黒			

PNG	→	Folder03	→	P07_chu
PNG	カラー／白黒			

※カラーのデータのみを掲載しています。白黒のデータ名の末尾には「_s」(例：chu001_s)がつきます。

chu012_c

chu013_c

chu014_c

chu015_c

chu016_c

chu017_c

chu018_c

chu019_c

chu020_c

chu021_c

chu022_c

59

Folder 03　料理イラスト

08　焼肉・アジアン料理・レトルトほか

yak001_c

yak002_c

yak003_c

yak004_c

yak005_c

yak006_c

yak007_c

yak008_c

◆このページの データは、ここ にあります

JPG	→	Folder03	→	J08_yak
JPG	カラー／白黒			

PNG	→	Folder03	→	P08_yak
PNG	カラー／白黒			

※カラーのデータのみを掲載しています。白黒のデータ名の末尾には「_s」(例：yak001_s)がつきます。

yak009_c

yak010_c

yak011_c

yak012_c

yak013_c

yak014_c

yak015_c

61

Folder 03　料理イラスト

09

アルコール類いろいろ

alc001_c

alc002_c

alc003_c

alc004_c

alc005_c

alc006_c

alc007_c

alc008_c

alc009_c

62

◆このページの
データは、ここ
にあります

JPG → Folder03 → J09_alc
JPG カラー／白黒

PNG → Folder03 → P09_alc
PNG カラー／白黒

※カラーのデータのみを掲載しています。白黒のデータ名の末尾には「_s」(例：alc001_s) がつきます。

alc010_c

alc011_c

alc012_c

alc013_c

alc014_c

alc015_c

alc016_c

alc017_c

alc018_c

alc019_c

alc020_c

63

Folder 03 料理イラスト

10 スイーツいろいろ

swe001_c
swe002_c 
swe003_c 
swe004_c
swe005_c
swe006_c 
swe007_c 
swe008_c
swe009_c
swe010_c 
swe011_c

◆ このページの
データは、ここ
にあります → JPG → Folder03 → J10_swe　　PNG → Folder03 → P10_swe

JPG カラー／白黒　　PNG カラー／白黒

※カラーのデータのみを掲載しています。白黒のデータ名の末尾には「_s」（例：swe001_s）がつきます。

swe012_c

swe013_c

swe014_c

swe015_c

swe016_c

swe017_c

swe018_c

swe019_c

swe020_c

swe021_c

Folder 03　料理イラスト

11　和菓子・ドリンク類

wag001_c

wag002_c

wag003_c

wag006_c

wag004_c

wag007_c

おはぎ
wag005_c ★

wag009_c

wag010_c

wag011_c

wag008_c

wag012_c

wag013_c

wag014_c

wag015_c

66

◆このページのデータは、ここにあります

JPG → Folder03 → J11_wag	PNG → Folder03 → P11_wag
JPG　カラー／白黒	PNG　カラー／白黒

※カラーのデータのみを掲載しています。白黒のデータ名の末尾には「_s」(例：wag001_s)がつきます。
★印のイラストは白黒のデータがありません。カラーのデータのみを収録しています。

wag016_c

wag017_c

wag018_c

wag019_c

wag020_c

wag021_c

wag022_c

wag023_c

wag024_c

wag025_c

wag026_c

wag027_c

wag028_c

67

Folder 03　料理イラスト

12　乳製品・パンほか

nyu001_c

nyu002_c

nyu003_c

nyu004_c

nyu005_c

nyu006_c

nyu007_c

nyu008_c

nyu009_c

nyu010_c

nyu011_c

※カラーのデータのみを掲載しています。白黒のデータ名の末尾には「_s」（例：nyu001_s）がつきます。

◆このページのデータは、ここにあります

JPG → Folder03 → J12_nyu　　JPG　カラー／白黒

PNG → Folder03 → P12_nyu　　PNG　カラー／白黒

Folder 04

季節イラスト

POP作例 イラスト素材＋Microsoft Word＋手書き文字

イラスト素材：「果物を抱えた女の子（nat032_c ▶ P79）」をMicrosoft Wordに挿入して、大きさを調整して配置し、白い紙にプリントアウトします。それをハサミで切り抜き、赤い色画用紙に貼りました。その後、タイトル文字などをPOP用の白いマーカーで、手書きで書き入れました。

Folder 04　季節イラスト

01　お祝いごと・行事

oiw001_c

oiw002_c

oiw003_c

oiw004_c

oiw005_c

oiw006_c

oiw007_c

oiw008_c

oiw009_c

◆このページの
データは、ここ
にあります

JPG → Folder04 → J01_oiw
JPG　カラー／白黒

PNG → Folder04 → P01_oiw
PNG　カラー／白黒

※カラーのデータのみを掲載しています。白黒のデータ名の末尾には「_s」（例：oiw001_s）がつきます。

oiw010_c

oiw011_c

oiw012_c

oiw013_c

oiw014_c

oiw015_c

oiw016_c

oiw017_c

Folder 04　季節イラスト

02　春のイメージ　その1

har001_c

har002_c

har003_c

har004_c

har005_c

har006_c

har007_c

har008_c

har009_c

◆このページの データは、ここ にあります

| JPG | → | Folder04 | → | J02_har |
| PNG | → | Folder04 | → | P02_har |

JPG カラー／白黒
PNG カラー／白黒

※カラーのデータのみを掲載しています。白黒のデータ名の末尾には「_s」（例：har001_s）がつきます。
★印のイラストは白黒のデータがありません。カラーのデータのみを収録しています。

har010_c

har011_c

har012_c

har013_c

har014_c

har015_c

har016_c ★

har017_c

Folder 04　季節イラスト

03　春のイメージ その2

har018_c

har019_c

har020_c

har021_c

har022_c

har023_c

har024_c

◆このページのデータは、ここにあります

JPG → Folder04 → J03_har
JPG　カラー／白黒

PNG → Folder04 → P03_har
PNG　カラー／白黒

※カラーのデータのみを掲載しています。白黒のデータ名の末尾には「_s」（例：har018_s）がつきます。
★印のイラストは白黒のデータがありません。カラーのデータのみを収録しています。

har025_c

har026_c

har027_c

har028_c

har029_c

har030_c

har031_c ★

har032_c

har033_c

har034_c

Folder 04　季節イラスト

04　夏のイメージ　その1

nat001_c
nat002_c
nat003_c
nat004_c
nat005_c
nat006_c
nat007_c
nat008_c
nat009_c
nat010_c
nat011_c
nat012_c
nat013_c

76

◆このページの
　データは、ここ
　にあります
→ JPG → Folder04 → J04_nat　　PNG → Folder04 → P04_nat

JPG カラー／白黒　　PNG カラー／白黒

※カラーのデータのみを掲載しています。白黒のデータ名の末尾には「_s」(例：nat001_s)がつきます。

nat014_c

nat015_c

nat016_c

nat017_c

nat018_c

nat020_c

nat019_c

nat021_c

nat022_c

nat023_c

77

Folder 04　季節イラスト

05　夏のイメージ その2

nat024_c

nat025_c

nat026_c

nat027_c

nat028_c

nat029_c

nat030_c

nat031_c

◆このページの　データは、ここ　にあります　→　JPG → Folder04 → J05_nat　　PNG → Folder04 → P05_nat

JPG カラー／白黒　　PNG カラー／白黒

※カラーのデータのみを掲載しています。白黒のデータ名の末尾には「_s」(例：nat024_s)がつきます。

nat032_c

nat033_c

nat034_c

nat035_c

nat036_c

nat037_c

nat038_c

nat039_c

nat040_c

nat041_c

Folder 04　季節イラスト

06　秋のイメージ その1

aki001_c（文字あり）
aki002_c（文字なし）

aki003_c（文字あり）
aki004_c（文字なし）

aki005_c（文字あり）
aki006_c（文字なし）

aki007_c

aki008_c

aki009_c

80

◆ このページの
データは、ここ
にあります

JPG → Folder04 → J06_aki
JPG カラー／白黒

PNG → Folder04 → P06_aki
PNG カラー／白黒

※カラーのデータのみを掲載しています。白黒のデータ名の末尾には「_s」(例：aki001_s) がつきます。

aki010_c　aki011_c

aki012_c

aki013_c

元気でいてね!!

aki014_c（文字あり）
aki015_c（文字なし）

aki016_c

aki017_c

Folder 04　季節イラスト

07 秋のイメージ その2

aki018_c

aki019_c

aki020_c

aki021_c

aki022_c

aki023_c

aki024_c

aki025_c

aki026_c

◆このページのデータは、ここにあります

| JPG | ⇒ | Folder04 | ⇒ | J07_aki |
| PNG | ⇒ | Folder04 | ⇒ | P07_aki |

JPG カラー／白黒　　PNG カラー／白黒

※カラーのデータのみを掲載しています。白黒のデータ名の末尾には「_s」(例：aki018_s)がつきます。

aki027_c

aki028_c

aki029_c

aki030_c

aki031_c

aki032_c

Folder 04　季節イラスト

08　冬のイメージ その1

fuy001_c

fuy002_c

fuy003_c

fuy004_c

fuy005_c

fuy006_c

fuy007_c

fuy008_c

fuy009_c

fuy010_c

84

◆このページのデータは、ここにあります

JPG → Folder04 → J08_fuy
JPG　カラー／白黒

PNG → Folder04 → P08_fuy
PNG　カラー／白黒

※カラーのデータのみを掲載しています。白黒のデータ名の末尾には「_s」(例：fuy001_s)がつきます。
★印のイラストは白黒のデータがありません。カラーのデータのみを収録しています。

fuy011_c

fuy012_c

fuy013_c

fuy014_c

fuy015_c

fuy016_c

fuy017_c

fuy018_c

fuy019_c

fuy020_c

fuy021_c ★

Folder 04　季節イラスト

09

冬のイメージ その2

fuy022_c

fuy023_c

fuy024_c

fuy025_c

fuy026_c

fuy027_c

fuy028_c

fuy029_c

fuy030_c

fuy031_c

fuy032_c

fuy033_c

fuy034_c ★　　fuy035_c ★

fuy036_c

◆このページのデータは、ここにあります

JPG → Folder04 → J09_fuy
JPG カラー／白黒

PNG → Folder04 → P09_fuy
PNG カラー／白黒

※カラーのデータのみを掲載しています。白黒のデータ名の末尾には「_s」(例：fuy022_s)がつきます。
★印のイラストは白黒のデータがなく、カラーのデータのみを収録しています。

fuy037_c

fuy038_c

fuy039_c

fuy040_c

fuy041_c

fuy042_c

fuy043_c

fuy044_c

fuy045_c ★

fuy046_c

Folder 04　季節イラスト

10 冬のイメージ　その3

fuy047_c ★

fuy048_c

fuy049_c

fuy050_c

fuy051_c

fuy052_c

fuy053_c

fuy054_c

fuy055_c

◆このページのデータは、ここにあります → JPG → Folder04 → J10_fuy　　PNG → Folder04 → P10_fuy

JPG カラー／白黒　　PNG カラー／白黒

※カラーのデータのみを掲載しています。白黒のデータ名の末尾には「_s」（例：fuy047_s）がつきます。
★印のイラストは白黒のデータがありません。カラーのデータのみを収録しています。

fuy056_c

fuy057_c

fuy058_c

fuy059_c

fuy060_c

fuy061_c

fuy062_c

fuy063_c

fuy064_c★

fuy065_c★

fuy066_c★

fuy067_c

fuy068_c

fuy069_c

89

Folder 04　季節イラスト

11　冬のイメージ　その4

fuy070_c

fuy071_c

fuy072_c

fuy073_c

fuy074_c

fuy075_c

fuy076_c ★

fuy077_c

fuy078_c

fuy079_c

※カラーのデータのみを掲載しています。白黒のデータ名の末尾には「_s」（例：fuy070_s）がつきます。
★印のイラストは白黒のデータがありません。カラーのデータのみを収録しています。

◆このページの
　データは、ここ
　にあります

JPG → Folder04 → J11_fuy　　PNG → Folder04 → P11_fuy

JPG　カラー／白黒　　　　　　PNG　カラー／白黒

Folder 05
囲みワク・ミニカット

POP作例

**イラスト素材
＋Microsoft Word
＋手書き文字**

イラスト素材：「コックさんと看板（kak001_c ▶ P92）」をMicrosoft Wordに挿入して、大きさを調整して配置し、白い紙にプリントアウトします。その後、タイトル文字などをPOP用の黒、赤色、ピンク色のマーカーで、手書きで書き入れました。

| Folder 05 | 囲みワク・ミニカット |

01 囲みワク その1

kak001_c

kak002_c

kak003_c

kak004_c

kak005_c

kak006_c

◆このページのデータは、ここにあります

| JPG | → | Folder05 | → | J01_kak |
| PNG | → | Folder05 | → | P01_kak |

JPG カラー／白黒　　PNG カラー／白黒

※カラーのデータのみを掲載しています。白黒のデータ名の末尾には「_s」（例：kak001_s）がつきます。

kak007_c

kak008_c

kak009_c

kak010_c

kak011_c

kak012_c

Folder 05　囲みワク・ミニカット

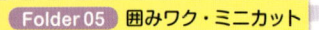

02　囲みワク その2

kak013_c

kak014_c

kak015_c

kak016_c

kak017_c

kak018_c

kak019_c

◆このページの
　データは、ここ
　にあります → | JPG | → | Folder05 | → | J02_kak |
　　　　　　　　| JPG | カラー／白黒

　　　　　　　　| PNG | → | Folder05 | → | P02_kak |
　　　　　　　　| PNG | カラー／白黒

※カラーのデータのみを掲載しています。白黒のデータ名の末尾には「_s」（例：kak013_s）がつきます。

kak020_c

kak021_c

kak022_c

kak023_c

kak024_c

kak025_c

kak026_c

95

Folder 05 囲みワク・ミニカット

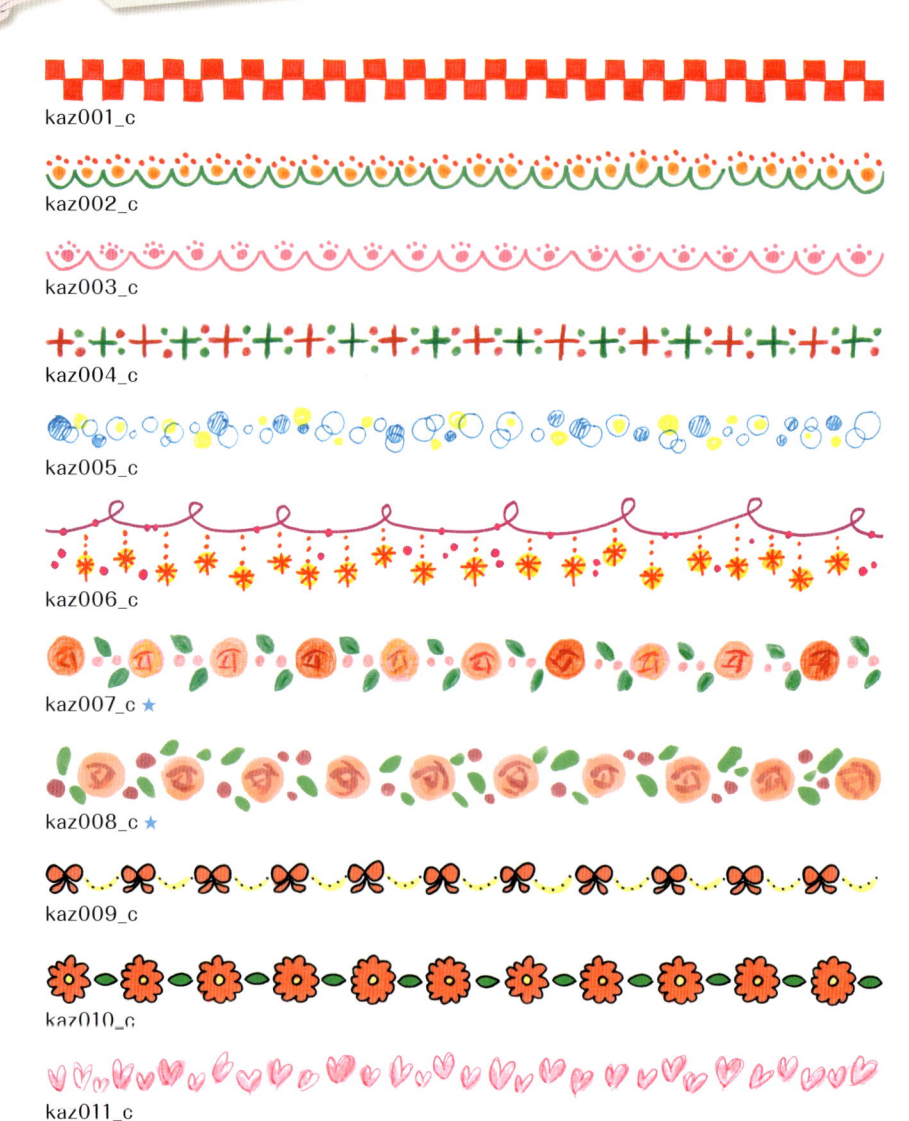

03 飾りケイ

kaz001_c

kaz002_c

kaz003_c

kaz004_c

kaz005_c

kaz006_c

kaz007_c ★

kaz008_c ★

kaz009_c

kaz010_c

kaz011_c

kaz012_c

◆このページの データは、ここ にあります → JPG → Folder05 → J03_kaz   PNG → Folder05 → P03_kaz

JPG カラー／白黒   PNG カラー／白黒

※カラーのデータのみを掲載しています。白黒のデータ名の末尾には「_s」（例：kaz001_s）がつきます。
★印のイラストは白黒のデータがありません。カラーのデータのみを収録しています。

kaz013_c

kaz014_c

kaz015_c

kaz016_c

kaz017_c

kaz018_c

kaz019_c

kaz020_c

kaz021_c

kaz022_c

kaz023_c ★

kaz024_c

kaz025_c

97

Folder 05　囲みワク・ミニカット

04 ミニカット　その1

min001_c　min002_c　min003_c　min004_c

min005_c　min006_c　min007_c　min010_c　min011_c

min008_c　min009_c　min012_c

min013_c　min014_c

min015_c　min016_c　min017_c　min018_c

◆このページのデータは、ここにあります

JPG → Folder05 → J04_min
JPG カラー／白黒

PNG → Folder05 → P04_min
PNG カラー／白黒

※カラーのデータのみを掲載しています。白黒のデータ名の末尾には「_s」（例：min001_s）がつきます。

min019_c

min020_c

min021_c

min022_c

min023_c

min024_c

min025_c

min026_c

min027_c

min028_c

min029_c

min030_c

min032_c

min031_c

min033_c

min034_c

| Folder 05 | 囲みワク・ミニカット

05 ミニカット その2

min035_c

min036_c

min037_c

min038_c

min039_c

min040_c

min041_c

min042_c

min043_c

min044_c

min045_c

min046_c

min047_c

min048_c

min049_c

◆このページの
データは、ここ
にあります

JPG	→	Folder05	→	J05_min		PNG	→	Folder05	→	P05_min
JPG	カラー／白黒					**PNG**	カラー／白黒			

※カラーのデータのみを掲載しています。白黒のデータ名の末尾には「_s」(例：min035_s) がつきます。

min050_c

min051_c

min052_c

min053_c

min054_c

min055_c

min056_c

min057_c

min058_c

min059_c

min060_c

min061_c

min062_c

min063_c

min064_c

Folder 05 　囲みワク・ミニカット

06　ミニカット　その3

min065_c 　min066_c
min067_c 　min068_c 
min069_c 　min070_c 
min071_c 　min072_c 　min073_c 　min074_c 　min075_c 
min076_c 　min077_c 　min078_c 　min079_c 　min080_c 

※カラーのデータのみを掲載しています。白黒のデータ名の末尾には「_s」(例：min065_s)がつきます。

◆このページのデータは、ここにあります
JPG → Folder05 → J06_min
JPG　カラー／白黒
PNG → Folder05 → P06_min
PNG　カラー／白黒

Folder 06

POPタイトル

2月3日は
節分の日 恵方巻
ご予約
承ります

当日も販売しますが、人気の具材はご予約がおすすめ！

POP作例 タイトル素材＋イラスト素材＋Microsoft Word

タイトル素材：「節分の日（tis207_s▶P114）」・「恵方巻（tis210_s▶P114）」・「ご予約承ります（tis264_s▶P115）」＋イラスト素材：「鬼と恵方巻（fuy044_c▶P87）」・「家族で恵方巻（fuy046_c▶P87）」。素材をMicrosoft Wordに挿入して、大きさを調整して配置しました。その他の文字は「テキストボックス」で入力しました（P125・126参照）。

Folder 06 POPタイトル

01 POPタイトル その1

tit001_c 
tit002_c 
tit003_c

tit004_c 
tit005_c 
tit006_c

tit007_c 
tit008_c 
tit009_c

tit010_c ★
tit011_c ★ 
tit012_c ★

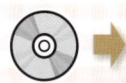

◆このページの
データは、ここ
にあります

JPG → Folder06 → J01_tit
JPG　カラー／白黒

PNG → Folder06 → P01_tit
PNG　カラー／白黒

※カラーのデータのみを掲載しています。白黒のデータ名の末尾には「_s」（例：tit001_s）がつきます。
★印のタイトルは白黒のデータがありません。カラーのデータのみを収録しています。

tit013_c

tit016_c

tit019_c

tit014_c

tit017_c

tit020_c

tit015_c

tit018_c

tit021_c

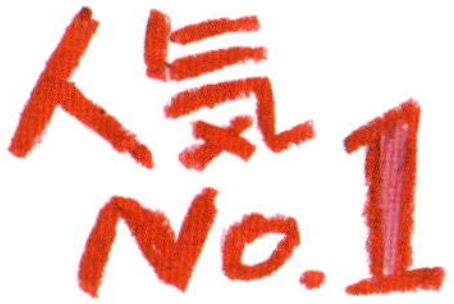

tit022_c

tit025_c

tit028_c ★

tit023_c

tit026_c

tit029_c ★

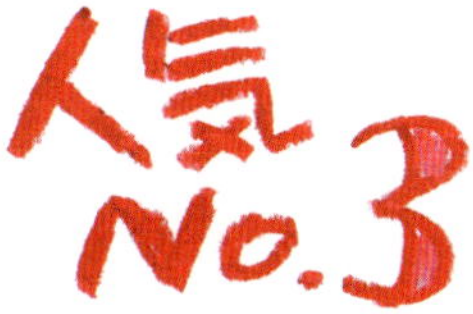

tit024_c

tit027_c

tit030_c ★

Folder 06　POPタイトル

02　POPタイトル その2

tit031_c　営業中

tit032_c　準備中

tit033_c　OPEN ようこそ!

tit034_c　close

tit035_c　MENU

tit036_c　LUNCH

tit037_c　日替り

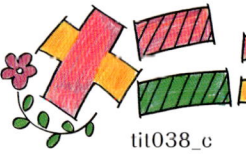

tit038_c　メニュー

106

◆このページの
データは、ここ
にあります

JPG	➡	Folder06	➡	J02_tit
JPG	カラー／白黒			

PNG	➡	Folder06	➡	P02_tit
PNG	カラー／白黒			

※カラーのデータのみを掲載しています。白黒のデータ名の末尾には「_s」(例：tit031_s)がつきます。

tit039_c

tit040_c

tit041_c

tit042_c

tit043_c

tit044_c

tit045_c

tit046_c

tit047_c

107

Folder 06　POPタイトル

03　POPタイトル その3

tit048_c

tit049_c

tit050_c

tit051_c

tit052_c

tit053_c

◆このページの
データは、ここ
にあります

JPG	→	Folder06	→	J03_tit
JPG	カラー／白黒			

PNG	→	Folder06	→	P03_tit
PNG	カラー／白黒			

※カラーのデータのみを掲載しています。白黒のデータ名の末尾には「_s」(例：tlt048_s)がつきます。

tit054_c

tit055_c

tit056_c

tit057_c

tit058_c

tit059_c

tit060_c

Folder 06　POPタイトル

04　POPタイトル その4

SALE
tit061_c

お買得です
tit062_c

お買得
tit063_c

イチオシ
tit064_c

ばか売れ
tit065_c

売れてます!
tit066_c

大好評
tit067_c

これはスゴイ
tit068_c

これはうまい
tit069_c

焼きたて
tit070_c

できたて!
tit071_c

もぎたて
tit072_c

とれとれ
tit073_c

新鮮
tit074_c

摘みたて
tit075_c

あつあつ
tit076_c ★

ほかほか
tit077_c ★

自家製
tit078_c

心をこめて♥作りました
tit079_c

雨の日サービス
tit080_c

モーニングセット
tit081_c

ランチセット
tit082_c

モーニング
tit083_c

◆このページの データは、ここ にあります → JPG → Folder06 → J04_tit

PNG → Folder06 → P04_tit

JPG カラー／白黒

PNG カラー／白黒

※カラーのデータのみを掲載しています。白黒のデータ名の末尾には「_s」(例：tit061_s)がつきます。
★印のタイトルは白黒のデータがありません。カラーのデータのみを収録しています。

tit084_c	tit085_c	tit086_c	tit087_c	tit088_c	tit094_c	tit095_c
tit089_c	tit090_c	tit091_c	tit092_c	tit093_c	tit096_c	tit097_c	tit098_c
tit099_c	tit100_c	tit101_c	tit102_c	tit103_c	tit109_c	tit110_c
tit104_c	tit105_c	tit106_c	tit107_c	tit108_c	tit111_c	tit112_c	tit113_c
tit114_c	tit115_c	tit116_c	tit117_c	tit118_c	tit124_c	tit125_c
tit119_c	tit120_c	tit121_c	tit122_c	tit123_c	tit126_c	tit127_c	tit128_c

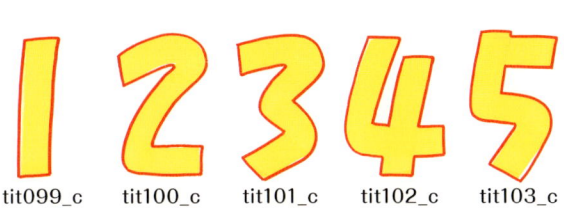

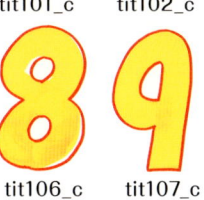

111

Folder 06 POPタイトル

05 POPタイトル その5

※この項では、同一の文言を3種類の手書き書体（ゴシック風、明朝風、筆文字風）で収録しています。
※この項はすべて白黒データのみの収録になります。

お得・人気 → 1_otoku

SALE	SALE	SALE	今日はお得な日	今日はお得な日	今日はお得な日	
tis001_s	tis002_s	tis003_s	tis004_s	tis005_s	tis006_s	
お得なセット	お得なセット	お得なセット	お得です！	お得です！	お得です！	
tis007_s	tis008_s	tis009_s	tis010_s	tis011_s	tis012_s	
お買得！	お買得！	お買得！	イチオシ	イチオシ	イチオシ	
tis013_s	tis014_s	tis015_s	tis016_s	tis017_s	tis018_s	
これはスゴイ！	これはスゴイ！	これはスゴイ！	大ブレイク！	大ブレイク！	大ブレイク！	
tis019_s	tis020_s	tis021_s	tis022_s	tis023_s	tis024_s	
ばか売れ	ばか売れ	ばか売れ	大人気♥	大人気♥	大人気♥	
tis025_s	tis026_s	tis027_s	tis028_s	tis029_s	tis030_s	
大評判	大評判	大評判	売れてます	売れてます	売れてます	
tis031_s	tis032_s	tis033_s	tis034_s	tis035_s	tis036_s	

価値・限定① → 2_kach1

うまい！	うまい！	うまい！	旨みがぎゅっと詰まっています	旨みがぎゅっと詰まっています	旨みがぎゅっと詰まっています
tis037_s	tis038_s	tis039_s	tis040_s	tis041_s	tis042_s
これは旨い！	これは旨い！	これは旨い！	ばか旨！	ばか旨！	ばか旨！
tis043_s	tis044_s	tis045_s	tis046_s	tis047_s	tis048_s
極旨	極旨	極旨	極上	極上	極上
tis049_s	tis050_s	tis051_s	tis052_s	tis053_s	tis054_s
絶品	絶品	絶品	たまりません	たまりません	たまりません
tis055_s	tis056_s	tis057_s	tis058_s	tis059_s	tis060_s
甘～い	甘～い	甘～い	あま～い	あま～い	あま～い
tis061_s	tis062_s	tis063_s	tis064_s	tis065_s	tis066_s
とろ～り	とろ～り	とろ～り	もっちもち	もっちもち	もっちもち
tis067_s	tis068_s	tis069_s	tis070_s	tis071_s	tis072_s

◆このページのデータは、ここにあります

JPG → Folder06 → J05_tis
JPG 白黒のみ

PNG → Folder06 → P05_tis
PNG 白黒のみ

※またこの項では、含まれるファイル数が多いため、4つのフォルダ「1_otoku」、「2_kach1」、「3_kach2」、「4_shins」に分けて収録しています。

価値・限定② → 3_kach2

ふわふわ〜	ふわふわ〜	ふわふわ〜	ビタミンたっぷり	ビタミンたっぷり	ビタミンたっぷり
tis073_s	tis074_s	tis075_s	tis076_s	tis077_s	tis078_s
栄養たっぷり	栄養たっぷり	栄養たっぷり	焼きたて	焼きたて	焼きたて
tis079_s	tis080_s	tis081_s	tis082_s	tis083_s	tis084_s
炊きたて	炊きたて	炊きたて	ほかほか	ほかほか	ほかほか
tis085_s	tis086_s	tis087_s	tis088_s	tis089_s	tis090_s
あつあつ	あつあつ	あつあつ	アツアツ	アツアツ	アツアツ
tis091_s	tis092_s	tis093_s	tis094_s	tis095_s	tis096_s
旬の味	旬の味	旬の味	当店限定	当店限定	当店限定
tis097_s	tis098_s	tis099_s	tis100_s	tis101_s	tis102_s
数量限定	数量限定	数量限定	期間限定	期間限定	期間限定
tis103_s	tis104_s	tis105_s	tis106_s	tis107_s	tis108_s

新鮮・手作り → 4_shins

新鮮	新鮮	新鮮	鮮度抜群	鮮度抜群	鮮度抜群
tis109_s	tis110_s	tis111_s	tis112_s	tis113_s	tis114_s
産地直送	産地直送	産地直送	朝採れ	朝採れ	朝採れ
tis115_s	tis116_s	tis117_s	tis118_s	tis119_s	tis120_s
摘みたて	摘みたて	摘みたて	とれたて	とれたて	とれたて
tis121_s	tis122_s	tis123_s	tis124_s	tis125_s	tis126_s
とれとれ	とれとれ	とれとれ	もぎたて	もぎたて	もぎたて
tis127_s	tis128_s	tis129_s	tis130_s	tis131_s	tis132_s
手作り	手作り	手作り	自家製	自家製	自家製
tis133_s	tis134_s	tis135_s	tis136_s	tis137_s	tis138_s
心をこめて作りました	心をこめて作りました	心をこめて作りました.	地産地消	地産地消	地産地消
tis139_s	tis140_s	tis141_s	tis142_s	tis143_s	tis144_s

Folder 06 POPタイトル

POPタイトル その6

※この項では、同一の文言を3種類の手書き書体（ゴシック風、明朝風、筆文字風）で収録しています。
※この項はすべて白黒データのみの収録になります。

季節・催事① → 5_kise1

ひなまつり tis145_s	ひなまつり tis146_s	ひなまつり tis147_s	ホワイトデー tis148_s	ホワイトデー tis149_s	ホワイトデー tis150_s
お花見 tis151_s	お花見 tis152_s	お花見 tis153_s	ご入学 tis154_s	ご入学 tis155_s	ご入学 tis156_s
ご卒業 tis157_s	ご卒業 tis158_s	ご卒業 tis159_s	歓送迎会 tis160_s	歓送迎会 tis161_s	歓送迎会 tis162_s
ゴールデンウィーク tis163_s	ゴールデンウィーク tis164_s	ゴールデンウィーク tis165_s	子供の日 tis166_s	子供の日 tis167_s	子供の日 tis168_s
母の日 tis169_s	母の日 tis170_s	母の日 tis171_s	父の日 tis172_s	父の日 tis173_s	父の日 tis174_s
土用の丑の日 tis175_s	土用の丑の日 tis176_s	土用の丑の日 tis177_s	夏休み tis178_s	夏休み tis179_s	夏休み tis180_s

季節・催事② → 6_kise2

食欲の秋 tis181_s	食欲の秋 tis182_s	食欲の秋 tis183_s	敬老の日 tis184_s	敬老の日 tis185_s	敬老の日 tis186_s
七五三 tis187_s	七五三 tis188_s	七五三 tis189_s	メリークリスマス tis190_s	メリークリスマス tis191_s	メリークリスマス tis192_s
忘年会 tis193_s	忘年会 tis194_s	忘年会 tis195_s	お正月 tis196_s	お正月 tis197_s	お正月 tis198_s
七草 tis199_s	七草 tis200_s	七草 tis201_s	成人の日 tis202_s	成人の日 tis203_s	成人の日 tis204_s
節分の日 tis205_s	節分の日 tis206_s	節分の日 tis207_s	恵方巻 tis208_s	恵方巻 tis209_s	恵方巻 tis210_s
丸かぶり寿司 tis211_s	丸かぶり寿司 tis212_s	丸かぶり寿司 tis213_s	バレンタインデー tis214_s	バレンタインデー tis215_s	バレンタインデー tis216_s

◆このページのデータは、ここにあります

JPG → Folder06 → J06_tis
JPG 白黒のみ

PNG → Folder06 → P06_tis
PNG 白黒のみ

※またこの項では、含まれるファイル数が多いため、4つのフォルダ「5_kise1」、「6_kise2」、「7_annai」、「8_suuji」に分けて収録しています。

案内・お知らせ → 7_annai

ありがとうございます tis217_s	ありがとうございます tis218_s	ありがとうございます tis219_s	おめでとうございます tis220_s	おめでとうございます tis221_s	おめでとうございます tis222_s
OPEN tis223_s	OPEN tis224_s	OPEN tis225_s	オープン tis226_s	オープン tis227_s	オープン tis228_s
CLOSE tis229_s	CLOSE tis230_s	CLOSE tis231_s	営業中！ tis232_s	営業中！ tis233_s	営業中！ tis234_s
準備中 tis235_s	準備中 tis236_s	準備中 tis237_s	やってます！ tis238_s	やってます！ tis239_s	やってます！ tis240_s
本日定休日 tis241_s	本日定休日 tis242_s	本日定休日 tis243_s	営業時間 tis244_s	営業時間 tis245_s	営業時間 tis246_s
モーニングセット tis247_s	モーニングセット tis248_s	モーニングセット tis249_s	ランチセット tis250_s	ランチセット tis251_s	ランチセット tis252_s
おみやげに tis253_s	おみやげに tis254_s	おみやげに tis255_s	個室あります tis256_s	個室あります tis257_s	個室あります tis258_s
配達します tis259_s	配達します tis260_s	配達します tis261_s	ご予約承ります tis262_s	ご予約承ります tis263_s	ご予約承ります tis264_s

数字・曜日 → 8_suuji

1234567890
tis265_s ～ tis274_s

1234567890
tis275_s ～ tis284_s

1234567890
tis285_s ～ tis294_s

日月火水木金土
tis295_s ～ tis301_s

日月火水木金土
tis302_s ～ tis308_s

日月火水木金土
tis309_s ～ tis315_s

時分円曜日
tis316_s ～ tis319_s

時分円曜日
tis320_s ～ tis323_s

時分円曜日
tis324_s ～ tis327_s

付属CD-ROMについて

※このCD-ROMが使えるパソコン：
Windows／Macintosh

収録データ形式について

★収録データ形式は4パターン

カラー JPEG	カラー PNG	白黒 JPEG	白黒 PNG
（白い地色あり）	（背景が透ける）	（白い地色あり）	（背景が透ける）
画像解像度：250dpi	画像解像度：250dpi	画像解像度：250dpi	画像解像度：250dpi
RGB フルカラー	インデックスカラー	RGB フルカラー	インデックスカラー

　本書付属のCD-ROMは、画像データを収録した素材集です。**インストールして使うものではありません。**使うときにCDを挿入し、画像を開いてください。パソコンのハードディスクなどにコピーして使うこともできます（Windowsの場合はデスクトップに画像をドラッグ、Macintoshの場合はデスクトップにoption＋ドラッグでコピーできます）。
　収録してある素材を開くには、画像を扱うことのできるソフトが必要です。Microsoft Word（ワード）、一太郎などが代表的なソフトですが、年賀状作成ソフトなどもほとんどが画像を扱えます。

※筆ぐるめなど一部のアプリケーションソフトやそのバージョンによっては、PNGデータの背景が透明にならない場合があります。

本を使って画像を探す

　付属のCD-ROMには、JPEG形式・PNG形式のイラストが、それぞれ**1404点**収録されています。イラストは基本的にカラーと白黒の2パターンで収録されています（本にはカラーイラストのみ掲載しています）。カラーデータのみ収録のイラスト、白黒データのみ収録のイラストもあります。

データのファイル名です。同じ絵柄がJPEGとPNGの2つの形式で収録されています。

白黒データがないイラストもあります。ファイル名の末尾に★があるものがそうです。

データが入っているフォルダを表します。このページのデータを使いたいときは、この順番にフォルダを開いてください。

116

CD-ROMをセットする

Windows XPの場合

CD-ROMは「マイコンピュータ」の中です

1 パソコンを立ち上げて、本書の巻末に付いているCD-ROMを入れます。

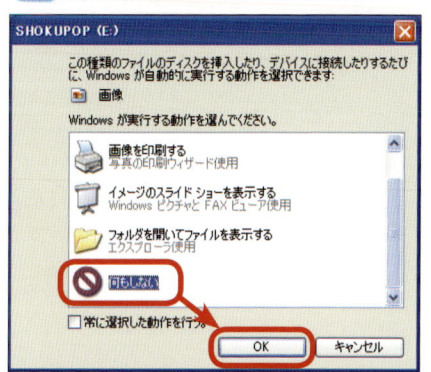

上のような画面が現れたら、「何もしない」を選択して「OK」をクリックしてください（上のような画面が現れない場合は、次の手順②から実行してください）。

2 画面左下の「スタート」から「マイコンピュータ」を選択します。

3 マイコンピュータの中に「SHOKUPOP」という名前でCDが表示されています。

「SHOKUPOP」の中には、データ形式ごとに分けられた2つのフォルダが入っています。

それぞれのフォルダの中には、本書の章ごとに分けられた6つのフォルダがあります。

それぞれの章フォルダの中には、さらにジャンル別に分けられたフォルダがあります。

このようにフォルダを順々に開いていくと、イラストが出てきます。

Windows 7・Windows Vistaの場合

CD-ROMは「コンピューター」、「コンピュータ」の中です
※解説画面はWindows 7

1 パソコンを立ち上げて、本書の巻末に付いているCD-ROMを入れます。

下のような画面が現れたら、どこも選択せず「×」ボタンをクリックしてください。

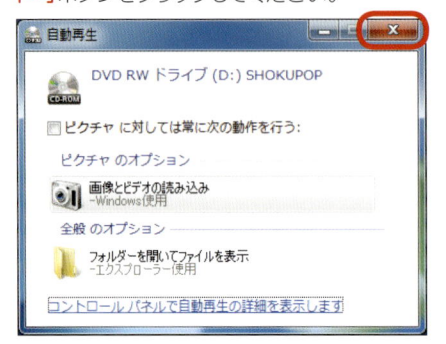

2 画面左下の「スタート」から「コンピューター」を選択します（デスクトップにある「コンピューター」のアイコンをダブルクリックして開くこともできます）。

3 コンピューターの中に「SHOKUPOP」という名前でCDが表示されています。

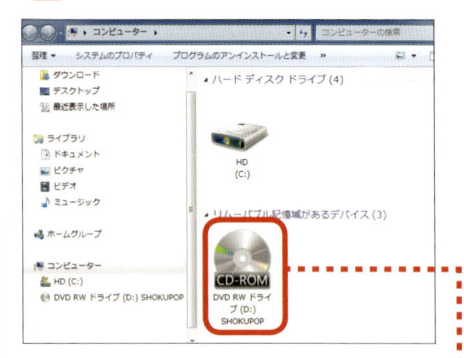

このあとは、前ページの「Windows XP」の例と同じように、フォルダを順々に開いていくと、イラストが出てきます。

Macintoshの場合

CD-ROMは「デスクトップ」に表示されます

CD-ROMを入れると、デスクトップに「SHOKUPOP」という名前のアイコンが表示されます。それがCD-ROMです。
※「Finder」の設定によっては、HDの中に表示されることもあります。

Word2003で使う

※画面はWord2003、Windows XPの例です

画像を挿入する

1 CD-ROMを挿入します。
Wordを立ち上げ、文書を用意します。

2 メニューバーから「挿入」を選択し、「挿入」のサブメニューから、「図」→「ファイルから」の順に選択します。

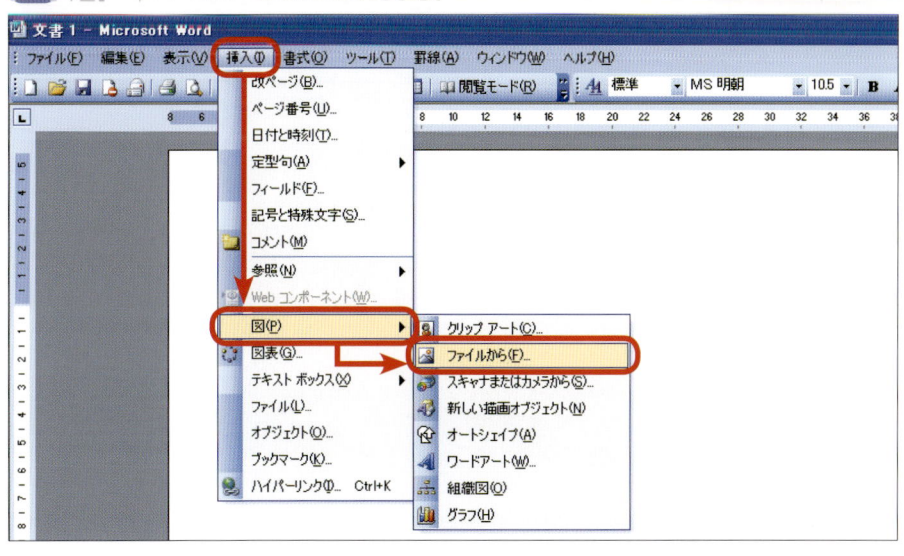

3 「図の挿入」ウィンドウが開くので、続いて「マイコンピュータ」の中の「SHOKUPOP」を開きます。

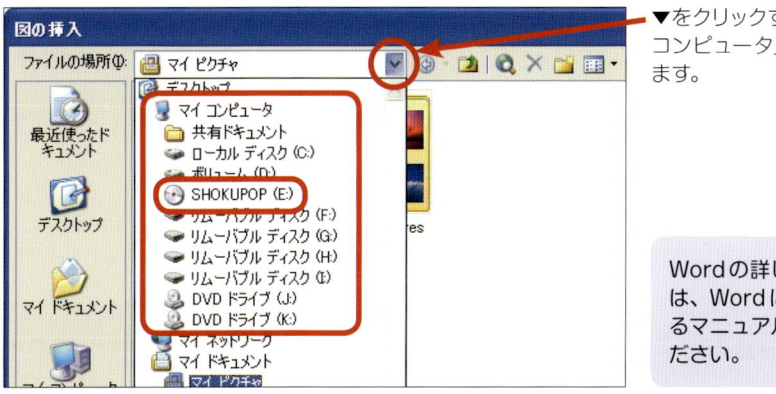

▼をクリックすると、「マイコンピュータ」が見つかります。

Wordの詳しい使い方は、Wordについているマニュアルをご覧ください。

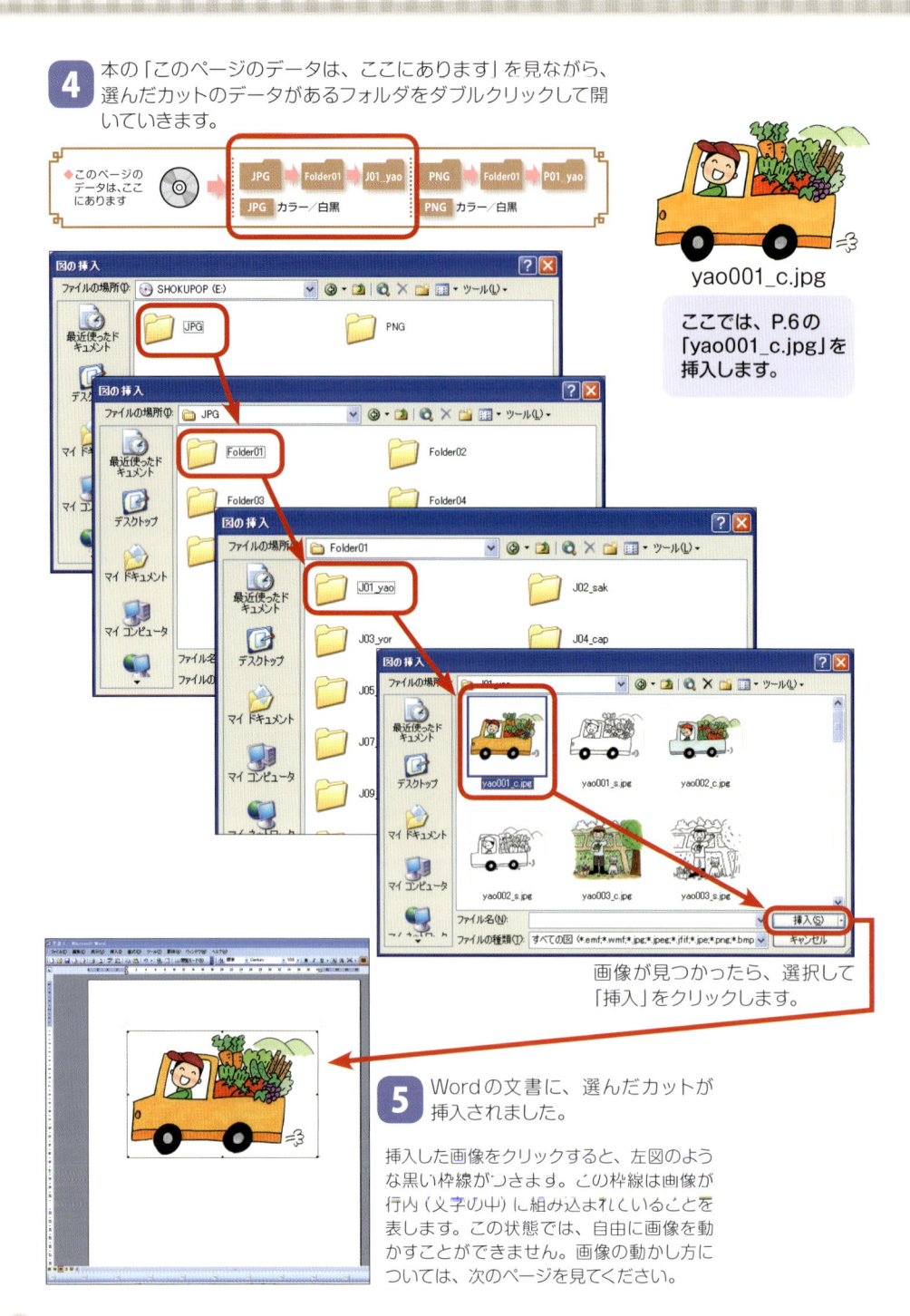

4 本の「このページのデータは、ここにあります」を見ながら、選んだカットのデータがあるフォルダをダブルクリックして開いていきます。

◆このページのデータは、ここにあります

JPG → Folder01 → J01_yao　　PNG → Folder01 → P01_yao
JPG カラー／白黒　　　　　　　PNG カラー／白黒

yao001_c.jpg

ここでは、P.6の「yao001_c.jpg」を挿入します。

画像が見つかったら、選択して「挿入」をクリックします。

5 Wordの文書に、選んだカットが挿入されました。

挿入した画像をクリックすると、左図のような黒い枠線がつきます。この枠線は画像が行内（文字の中）に組み込まれていることを表します。この状態では、自由に画像を動かすことができません。画像の動かし方については、次のページを見てください。

画像を動かす

1 自由に動かすために「図の書式設定」をします。

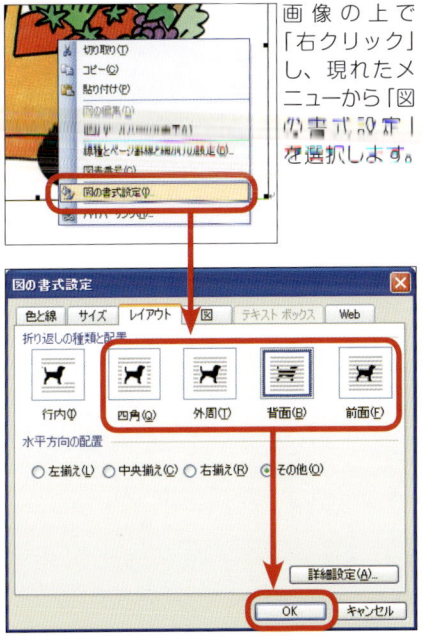

画像の上で「右クリック」し、現れたメニューから「図の書式設定」を選択します。

「図の書式設定」ウィンドウが開きました。
「レイアウト」タブで**「行内」以外を選択**し、**「OK」**をクリックします。
上に文字などをのせる場合は「背面」を選択するとよいでしょう。

2 画像の枠が「○」に変わりました。これで画像は自由に動かせます。

Wordのバージョンによっては、「□」がつくこともあります。

画像の移動

移動
画像の上にポインタをのせると、このようなマークに変わります。ドラッグして画像を移動します。

画像の拡大・縮小・回転

回転
この「 」を左右上下にドラッグすると画像が回転します。「 」が出ないバージョンの場合は、メニューから回転を行います。

角の「○」を内側にドラッグすると縮小、外側にドラッグすると拡大できます。

拡大
縮小

横幅の変更
縦の長さは変わらず、横幅のみの拡大・縮小を行います。

縦の長さの変更
横幅は変わらず、縦の長さのみの拡大・縮小を行います。

121

Word2010で使う

※画面はWord2010、Windows 7の例です

画像を挿入する

1 CD-ROMを挿入します。
Wordを立ち上げ、文書を用意します。

2 リボンから「挿入」タブをクリックし、「挿入」の図グループから、「図」を選択します。

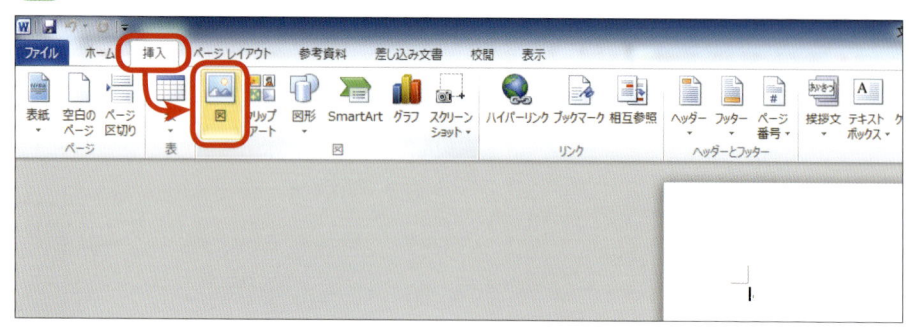

3 「図の挿入」ウィンドウが開くので、続いて「コンピューター」の中の「SHOKUPOP」のCD-ROMをダブルクリックします。

> Wordの詳しい使い方は、Wordについているマニュアルをご覧ください。

122

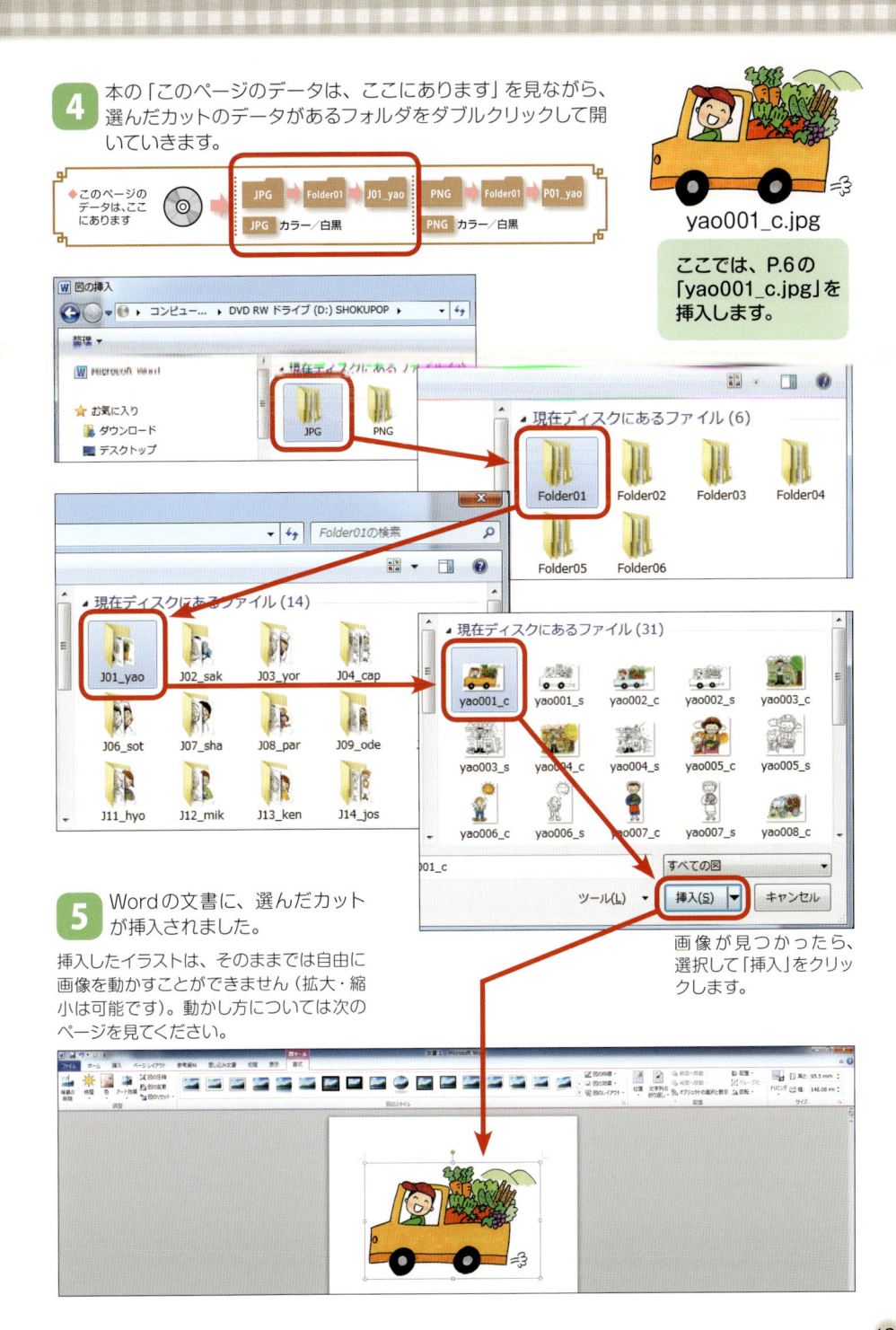

4 本の「このページのデータは、ここにあります」を見ながら、選んだカットのデータがあるフォルダをダブルクリックして開いていきます。

◆このページのデータは、ここにあります
JPG → Folder01 → J01_yao　JPG カラー/白黒
PNG → Folder01 → P01_yao　PNG カラー/白黒

yao001_c.jpg

ここでは、P.6の「yao001_c.jpg」を挿入します。

画像が見つかったら、選択して「挿入」をクリックします。

5 Wordの文書に、選んだカットが挿入されました。

挿入したイラストは、そのままでは自由に画像を動かすことができません（拡大・縮小は可能です）。動かし方については次のページを見てください。

123

画像を動かす

1 自由に動かすために「図の書式設定」をします。
リボンから「書式」タブを選択し、配置グループの「文字列の折り返し」をクリックします。

2 現れたメニューから「行内」以外を選択します。上に文字などをのせる場合は「背面」を、下に色などを入れる場合は「前面」を選択するといいでしょう。

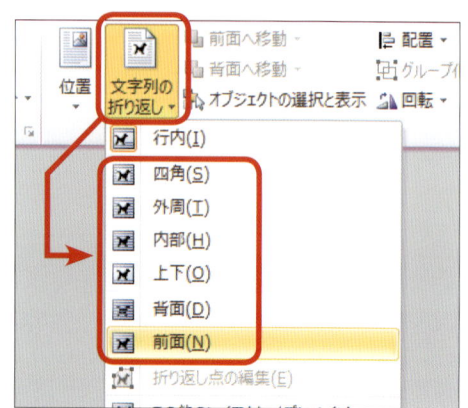

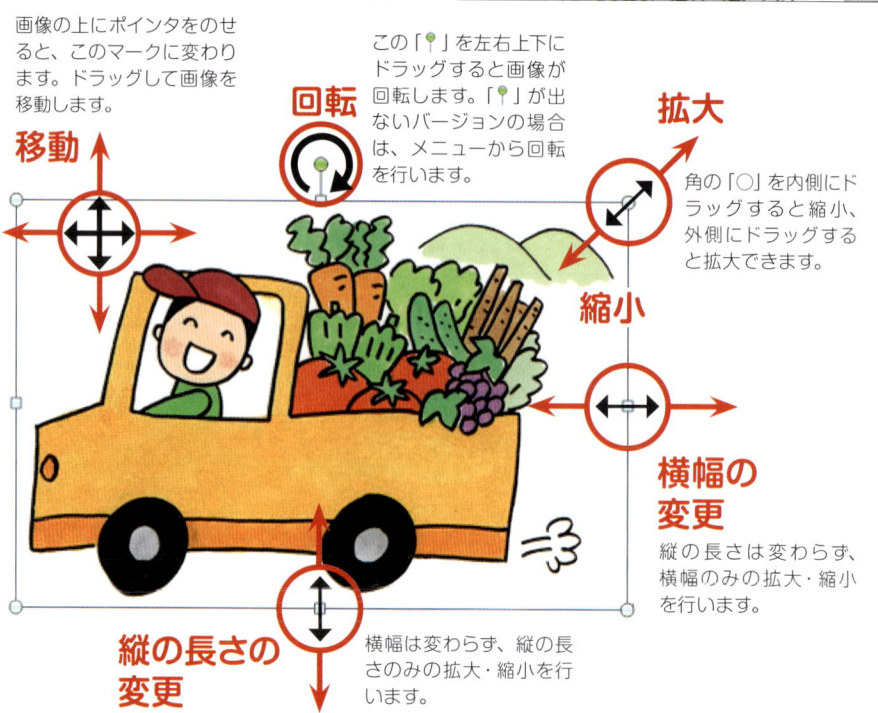

画像の移動と拡大・縮小・回転

移動
画像の上にポインタをのせると、このマークに変わります。ドラッグして画像を移動します。

回転
この「●」を左右上下にドラッグすると画像が回転します。「●」が出ないバージョンの場合は、メニューから回転を行います。

拡大／縮小
角の「○」を内側にドラッグすると縮小、外側にドラッグすると拡大できます。

横幅の変更
縦の長さは変わらず、横幅のみの拡大・縮小を行います。

縦の長さの変更
横幅は変わらず、縦の長さのみの拡大・縮小を行います。

文字を入力する

※画面はWord2010、Windows 7の例です

1 画像の上に文字をのせるなど、自由にレイアウトしたい場合は「テキストボックス」を使うと便利です。
ここでは、囲みワクの中に文字を入れます。まずP122～123を参照して、P94のイラスト（kak018_c）を挿入しました。

2 「挿入」タブの「テキスト」グループから、「テキストボックス」を選択し、「横書きテキストボックスの描画」（縦書きのときは「縦書き～」）をクリック。

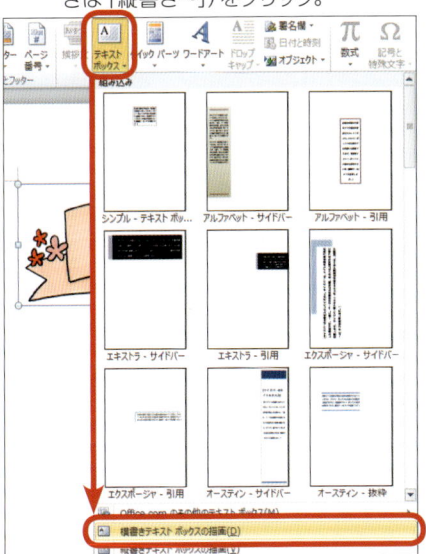

ポインタの形がこのように変わったら、囲みワクの上に対角線を書くようにドラッグします。

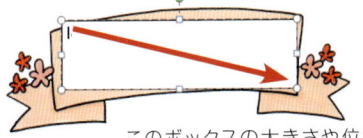

このボックスの大きさや位置は、後から変更できます。

3 「テキストボックス」に文字を入力します。

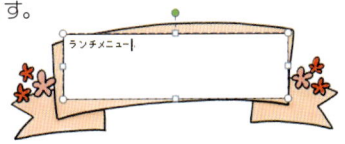

4 文字の書体や大きさ、色などを「書式設定」のツールバーで変更します。

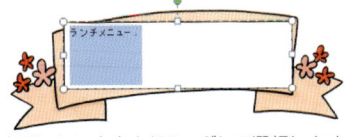

変更したい文字をドラッグして選択します。

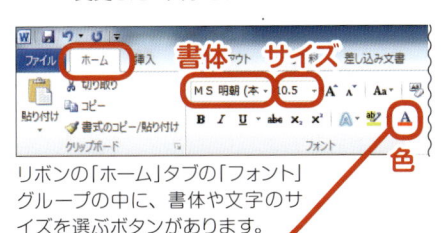

リボンの「ホーム」タブの「フォント」グループの中に、書体や文字のサイズを選ぶボタンがあります。

書体 サイズ 色

それぞれの▼をクリックすると、下に選択メニューが表示されます。好きな書体、サイズ、色を選んでクリックします。

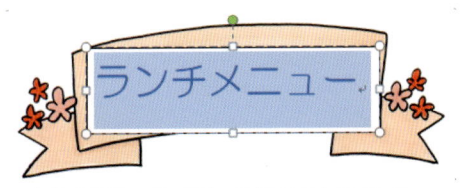

文字の書体、サイズ、色が変更されました。

5 「テキストボックス」の枠の線と白窓をなくします。

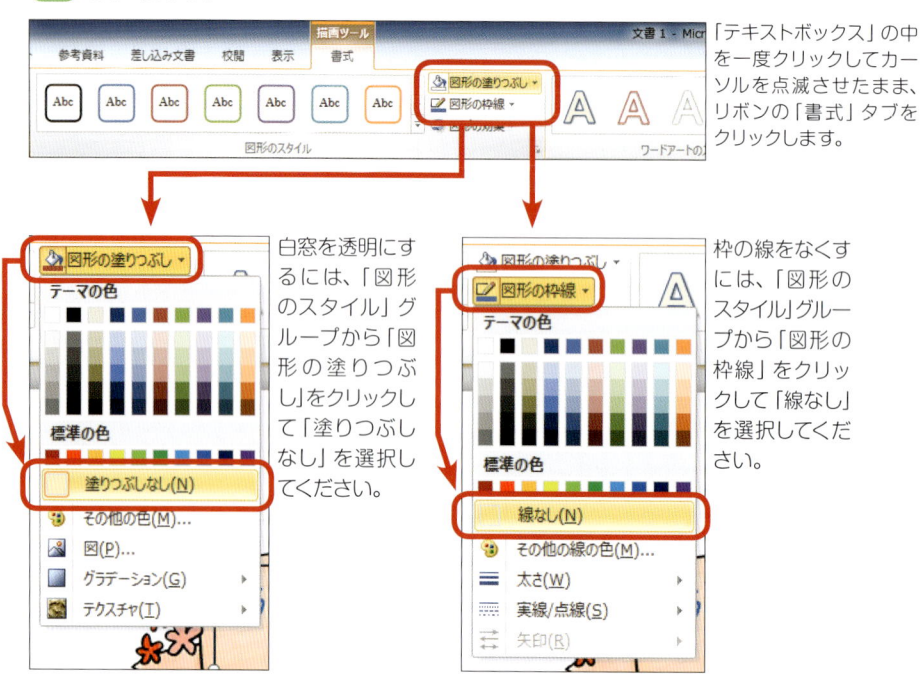

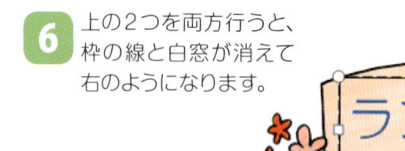

「テキストボックス」の中を一度クリックしてカーソルを点滅させたまま、リボンの「書式」タブをクリックします。

白窓を透明にするには、「図形のスタイル」グループから「図形の塗りつぶし」をクリックして「塗りつぶしなし」を選択してください。

枠の線をなくすには、「図形のスタイル」グループから「図形の枠線」をクリックして「線なし」を選択してください。

6 上の2つを両方行うと、枠の線と白窓が消えて右のようになります。

ワンポイント！

文字の上でダブルクリックすると、テキストボックスが選択されます。テキストボックスの枠をドラッグして枠全体を移動させるようにすると、文字の位置を動かすことができます。
また、後から文字をたくさん入れる場合など、テキストボックスのサイズを変えたくなったときは、枠の上でクリックしてテキストボックスを選択し、角をドラッグして拡大・縮小します。

著作権について

本書付属のCD-ROMに収録されている素材データをご利用いただくにあたっては、下記の「使用許諾」・「禁止事項」・「商用利用」についてご了承の上、お使いください。

使用許諾

※製品に含まれる、すべてのデータの著作権は「株式会社ビーアップ」に帰属します。が、本製品の購入者に限り、下記の禁止事項を除き、そのまま、もしくは加工して、何度でも、無料でお使いいただけます。

※通常の使用に際して、著作権料や二次使用料は発生しません。また、クレジット表記や申請書類提出の必要もありません。

※特に商用に利用したい場合は、下記の「禁止事項」をご覧ください。

※収録データはお客様本人の責任の範囲において使用されるものとします。収録データを使用した結果発生した損害や不利益に対して、弊社および株式会社ビーアップは一切責任を負いません。

禁止事項

❶ 本製品の収録データを、素材データとして複製、配布、譲渡、貸与、転売、送信すること。

※この場合は、そのまま使うことも加工して使うことも禁止事項にあたります。

例）✗ 素材データの一部または全部をCD-ROMやDVD-ROMにコピーして収録したい。
　　✗ 素材データを再利用できる形式でweb上に公開したい、ダウンロード可能にしたい。
　　✗ 素材データをインターネットなどを介して複数の利用者間でシェア（共有）したい。
　　✗ 素材データをWebやモバイル端末上におけるダウンロードコンテンツ（グリーティングカード、壁紙、スクリーンセーバー、ブログのテンプレート、携帯の着せ替え、絵文字など）にしたい。

※モバイル端末とは、持ち運び可能な通信・情報端末装置全般を意味します（例：携帯電話・スマートフォン・携帯ゲーム機・タブレット端末など）。

❷ 他のお客様が利用できなくなることがないよう、収録データを使用したデザインを、加工の有無にかかわらず、商標登録・意匠登録したり、企業や団体のロゴやキャラクターとして利用すること。また、特定の企業イメージとなるような使用の仕方（包装紙など）をすること。

❸ 収録データを公序良俗に反する目的、誹謗中傷目的で利用すること。

商用利用　※下記のような商用利用でも、問題なくご自由にお使いになれます。

○ 収録素材を販売用または販促用のPOP、ポスター、チラシ、DM、店頭の看板などに使用したい。

○ 収録素材をWebサイトのデザインの一部に使いたい。

○ 収録素材を書籍のデザインや、CDジャケットのデザインに使いたい。

○ 収録素材を販売する同人誌のイラストや、商業ゲームのキャラクターなどの背景・衣服に使いたい。

○ 収録素材を名刺、カレンダー、ウェディング用ペーパーアイテムなどの各種制作サービス（素材データをサンプルにして、受注・生産するサービス）に利用したい。

○ 収録素材をシールやステッカー、Tシャツ、文房具、装飾品、マグカップ、カバンなどにして販売したい。

※ご不明な場合は、info@maar.comまでメールにてお問い合わせください

著者&監修者紹介

著者 ▶ 石川 伊津（いしかわ いつ）

株式会社ビーアップ取締役。POP広告クリエイター。イラストレーター。大阪府立夕陽丘高等職業技術専門校ショップマネジメント科非常勤講師。大阪文化服装学院非常勤講師。
店舗企画会社で内装企画、デザインを手がけ、1990年からPOPの仕事に着手。大手企業のあらゆる販売促進ツールの制作を経て、POP講師に携わる。現在は、専門学校や全国各地の様々な企業、店舗でのPOPアドバイス、改善作業（POPリフォーム）を行う。また、様々な業界誌のPOPコーナー執筆や、出版物の挿絵を制作する。著書は『売上げ倍増！パターンで書く3分間POP』（共著）（廣済堂出版）、『農産物直売所 売り上げアップの秘訣』（共著）（家の光協会）。

監修 ▶ 石川 香代（いしかわ かよ）

株式会社ビーアップ代表取締役。中小企業診断士。
全国各地の様々な業態の店舗活性コンサルタントとして活躍。徹底した「お客様目線」で売場の改善指導を行う。著書は『ぐんぐん売れる！POPのきほんとツボ』、『売上げ倍増！パターンで書く3分間POP』（共著）（以上、廣済堂出版）、『一瞬で心をつかむ 魔法の黒板POP』（かんき出版）、『Wordでできちゃう！超カンタンPOP』、『Excelでできちゃう！超カンタンPOP』、『手書きPOPで売場カイゼン！』（以上MPC）、『農産物直売所売り上げアップの秘訣』（共著）（家の光協会）など多数。

株式会社ビーアップのホームページ ▶ http://www.pop21.biz/

制作スタッフ

編集・本文デザイン・DTP・データ制作：アトリエ・ジャム（http://www.a-jam.com/）
データ制作協力：山本 高取
イラスト協力：住吉 享子／木村 友佳里／原田 希望／福田 知紘／吉田 有希
カバーデザイン：利根川 裕（glove, Inc.）
編集統括：中村 愛（株式会社マール社）

手描きであったか！
食のPOPイラスト&タイトル CD-ROM
スーパー・商店街・レストラン・自然食品店に

2013年6月20日　第1刷発行
2018年2月20日　第2刷発行

著　　　者　石川 伊津
監　修　者　石川 香代
発　行　者　田上 妙子
印刷・製本　シナノ印刷株式会社
発　行　所　株式会社 マール社
　　　　　　〒113-0033 東京都文京区本郷1-20-9
　　　　　　TEL　03-3812-5437
　　　　　　FAX　03-3814-8872
　　　　　　http://www.maar.com/

ISBN978-4-8373-0779-2　Printed in Japan

©Be-up, Ltd. 2013
※乱丁・落丁の場合はお取り替えいたします。

◇ ソフトの使い方解説について ◇

本書では、収録素材の使用方法を解説していますが、各ソフトについての解説を目的とした本ではありません。ソフトに関する個別のご質問にはお答えできませんのでご了承下さい。

※ Microsoft® Windows、Microsoft® Word® はマイクロソフト社の登録商標です。
※ Macintosh® はアップル社の登録商標です。
※ その他記載している製品名は各社の登録商標です。